관계가 힘든 아이
잘 키우는 법

관계가
힘든 아이
잘 키우는 법

초판 1쇄 발행 2023년 1월 10일

지은이 민경미

책임편집 이가영
디자인 김소영

펴낸이 최현준
펴낸곳 빌리버튼
출판등록 제2016-000361호
주소 서울시 마포구 월드컵로 10길 28, 201호
전화 02-338-9271 | 팩스 02-338-9272
메일 contents@billybutton.co.kr

ISBN 979-11-91228-98-4 (03370)

• 이 책은 저작권법에 따라 보호받는 저작물이므로 무단 전재 및 복제를 금합니다.
• 이 책의 내용을 사용하려면 반드시 저작권자와 빌리버튼의 동의를 받아야 합니다.
• 책값은 뒤표지에 있습니다. 파본은 구입하신 서점에서 교환해 드립니다.
• 빌리버튼은 여러분의 소중한 이야기를 기다리고 있습니다.
  아이디어나 원고가 있으시면 언제든지 메일(contents@billybutton.co.kr)로 보내주세요

부모·친구·형제간의 답답하게 꼬인 관계를 풀어내는

관계가
힘든 아이
잘 키우는 법

민경미 지음

billy button
빌리버튼

일러두기

- 이 책에 등장하는 다양한 사례들은 실제 사례를 재구성한 것이며
  아이의 나이는 만 나이를 기준으로 하였습니다.

관계가 흔들리면,
아이의 좋은 의도도 오해하기 쉽습니다

"Love isn't a state of perfect caring. It is an active noun like struggle. To love someone is to strive to accept the person exactly the way he or she is, right here and now."

— Fred Rogers

사랑은 완전한 돌봄의 상태를 의미하지 않는다. 사랑은 분투처럼 동적인 명사이다. 누군가를 사랑한다는 것은 상대를 여기에 지금 있는 그대로 수용하려고 애쓰는 것이다.

—프레드 로저스

한없이 사랑스러운 아이가 돌변하여 심하게 화를 내면, 도대체 '왜? 뭐가 문제야?' 하는 의문이 듭니다. 때로는 아이의 행동이 답답하기도 하고 화도 나지만, 꾹 참고 참다가 어느 날은 욱하고 화가 터져 나옵니다. 아이를 이대로 두면 잘못된 행동이 굳어져 나중에 더 큰 문제가 될까 걱정되어 부모는 단호하고 강한 훈육에 집중합니다. 하지만 아무리 훈육해도 변하지 않는 아이의 행동에 좌절감을 느끼고 감정이 폭발하는 일도 벌어집니다. 이런 일이 반복되면 아이와의 관계는 틀어져 버립니다. 관계가 흔들리면, 아이가 좋은 의도를 가지고 한 행동마저도 오해하기 쉬워집니다. 상황은 더욱 나빠지기만 할 뿐이고요.

초등학생 두 아들을 키우는 엄마로서 저 역시 마찬가지였습니다. 저는 부모니까 아이의 행동을 보면 마음도 다 알 수 있다고 착각하고 있었습니다. 아이의 행동을 제 마음대로 해석하고, 오해했던 때도 많았습니다. 아이의 행동은 아이의 마음을 표현하는 언어입니다. 다만 해석하기 어려울 뿐이지요. 제 아이들이 어릴 때는 교사를 하고 있지 않았다는 핑계를 슬쩍 대보지만 저는 아이의 마음도 몰라주는 실수투성이 엄마였습니다.

첫째 아이는 머리를 자르는 날이 전쟁과 같았습니다. 아이가 좋아하는 비디오를 틀어주고 사탕을 아무리 줘도 우리 아이는 머리를 만지는 것조차 허락하지 않았습니다. 평소에는 아주 순한 아이였지만 기계음이 들리는 순간부터 자지러지게 울었습니다. 아이의 머리카락을 자르기 위해서 어른 세 명 이상이 붙들어야 삐뚤빼뚤하게 겨우 끝낼 수 있었습니다. 아이는 모자를 쓰는 것도 싫어했습니다.

그뿐 아니라 아이는 그네를 타면 심하게 울고, 커서도 정글짐처럼 올라가야 하는 곳은 시도조차 하기 싫어했습니다. 지난날을 돌아보면, 큰아이가 어릴 때 거꾸로 안아서 머리를 감기면 자지러지게 울었죠. '왜 이렇게 유별나', '그냥 빨리 끝내자', '자꾸 하다 보면 적응할 거야', '싫어도 이겨내야지' 하며 아이의 행동을 이해하려 하기보다는 제 생각에 아이의 행동을 끼워 넣었습니다.

　둘째 아이는 유독 자기 의지가 강했습니다. 어디를 가면 시간이 늦어도 집에 가기 싫다며 울고 떼쓰기 일쑤였고, 무슨 일이든 자신이 원하는 만큼 해야만 다른 것을 하는 고집이 센 아이였죠. 하루는 장난감을 치우다 엄마가 장난감을 자신이 원하는 위치에 놓지 않았다고 화를 내며 울기를 시작했습니다. 매사 자기 마음대로 해야 직성이 풀리는 아이에 지친 저는 이날은 '기필코 아이의 버르장머리를 고치리라' 마음먹고 울게 두었습니다.

　아이가 장난감을 제자리에 둔다고, 다시 정리하겠다는 말을 저는 엄마를 이기려고 고집부리는 것이라 생각해 못하게 막았습니다. 그리고 3시간을 울고 있는 만 3살짜리 아이를 억지로 생각하는 의자에 앉히고 훈육을 했어요. 아이가 목소리가 다 쉬고 땀에 흠뻑 젖은 상태가 되어 포기하는 순간까지 기다렸습니다. 그 당시에는 적절한 훈육으로 아이의 기를 꺾었다고 생각했습니다. 하지만 그날 이후에도 아이의 고집스러운 행동은 바뀌지 않았어요.

교사가 된 지금, 아이들의 모습을 떠올려보면 첫째 아이는 촉각이 예민하고 전정계 중력 감각의 변화를 두려워한 것이었어요. 무지했던 저는 순하던 아이가 머리카락을 자를 때 악을 쓰며 우는 것을 보면서도 "아이가 어리니까 그냥 빨리해요. 몇 번 하다 보면 익숙해질 거예요" 하고 아이 몸을 잡고 머리카락을 자르게 했습니다. 또 정글짐에 올라가려고 하지 않는 아이에게 "다른 아이들은 다 하는데 왜 너만 시도조차 하지 않는 거야! 적어도 시도라도 해봐" 하며 아이를 몰아세웠습니다. 그렇게 몰아세우니 아이가 새로운 것에 더 거부감을 느끼는 것도 모르고요.

땀을 뻘뻘 흘리고 자지러지듯 우는 아이의 행동은 무엇을 이야기하고 싶었던 걸까요? 아마도 큰아이는 모르는 사람이 자신의 머리를 만지는 것이 싫었을 것입니다. 또 촉각 감각이 예민해 잘린 머리카락이 얼굴과 목에 닿는 순간 극심한 불안감이 생겼을 것입니다. 두려움 때문에 강하게 화를 내며 악을 쓰며 우는 것으로 자신의 불안을 표현했던 것이죠. 정글짐에 올라가지 않으려고 했던 것은 어쩌면 어릴 적부터 중력 감각 변화를 무서워한 아이가 자신을 보호하기 위해 했던 당연한 행동이었을 겁니다.

둘째 아이는 자기 의지가 강한 기질로 한 가지 일에서 다음으로 넘어가는 과정에 시간이 조금 더 필요할 뿐이었습니다. 그것도 모르고 고집부리는 아이의 기를 꺾어야 한다고 아이와 힘겨루기를 하며 화를 내는 시간이 많았죠. 둘째 아이는 엄마에게 애정을 확인받으려고 엄마만 찾고 집착하며 울고 떼쓰는 모습을 보였습니다. 저는 아이와 자주 힘겨루기를 하던 터라 매일 전쟁과 같은 육아에 지쳐갔고 아이는 달라지지 않는 악순환이었습니다.

아이가 그렇게 행동하는 이유를 보려 하지 않고 훈육으로 무조건 아이를 바꾸려 했던 그때의 모습이 지금 생각해 보면 참 부끄럽습니다. 아이의 행동과 그 안에 감춰진 심리를 파악하지 못하니 아이가 대체 생각을 하는지 모르겠고 관계가 너무 어렵다고 여겼습니다.

"아이 키우는 게 다 똑같은 거 아닌가요?"

아이를 키우다 보면 많은 고민이 생깁니다. 아이의 문제 행동도 부모의 큰 고민거리 중 하나입니다. 문제가 되는 아이의 행동은 발달과정에서 자연스럽게 생기고 시간이 지나면 점차 나아지는 경우도 있습니다. 만 3세 아이가 어느 순간 자기 고집이 생기고, 혼자 하겠다고 떼를 쓰는 게 고민이라면 이러한 행동은 아이가 성장하면서 나타나는 자연스러운 현상입니다. 만약 그러한 행동이 어느 정도 수용할 수 있는 범위, 혹은 가끔 나타나는 정도라면 크게 걱정하지 않아도 됩니다. 하지만 아이의 행동이 갈수록 심해지고 도통 이해할 수 없어서 육아가 매일 전쟁과 같다면, 지금까지와는 다른 방법이 필요합니다. 우리 아이에게 맞는 육아 방법을 찾아야 합니다.

아이를 키우는 데 부모가 꼭 알아야 할 것은 '아이의 모든 행동에는 이유가 있다'는 것입니다. 겉으로 드러나는 행동은 바다 위로 드러난 빙산의 일각처럼 일부입니다. 아이의 행동의 이유는 바닷속에 가려진 거대한 빙하와 같습니다.

제 두 아이는 형제여도 각자 기질, 성격, 유형이 다릅니다. 그래서 첫째 아이를 키우던 방식이 둘째 아이에게 통하지 않았습니다. 다른 집에서 효과가 있었다는 육아법을 찾는 대신 부모가 먼저 내 아이를 파악하고 잘 맞는 육아 방법을 만들어 좋은 관계를 쌓아야 합니다.

제가 학생들을 맡으면 제일 먼저 하는 것이 아이에게 맞는 개별화 교육 계획과 목표를 세우고 방법을 제시하는 것입니다. 아이와 행복한 관계를 만들어 가는데 장애물이 되는 행동을 바꿀 수 있도록 이 책에 아이의 행동을 개선할 수 있는 구체적 방안을 설명했습니다.

또한 아이의 문제 행동의 숨겨진 이유를 쉽게 전달하기 위해 노력했으며, 아이를 이해해 틀어진 부모와의 관계, 친구와의 관계, 학교, 세상 및 나와의 관계 모두를 다시 회복하는 데 도움을 드리고자 준비했습니다. 지난 과거 제 아이를 키우며 이해하지 못해 실수했던 제 모습을 뒤돌아보며, 매일 이해하기 힘든 아이의 행동과 소통하기 위해 오늘 하루도 노력하는 부모에게 작은 도움이 되길 바라는 마음을 이 책에 담았습니다.

Chapter 3

원만한 관계를 위한 사회성 키우기

Chapter 4

아이의 자존감이 흔들릴 때

Chapter 5

아이가 조금 다른 것 같아 걱정됩니다

Chapter 1

집이 하루도
조용한 날이
없을 때

1

아이의 고집을
꺾을 수가 없어요

만 3살 여자아이를 키우는 엄마입니다. 아이가 고집이 센 편입니다. 자기 마음에 들지 않으면 울어버려요. 울기 시작하면 멈출 줄을 모르고 한 번씩 자기 화에 못 이겨서 바닥에 이마를 찧는 행동을 할 때도 있습니다. 육아서에서 본 대로 아이가 그런 행동을 못 하도록 온몸을 꼭 끌어안고 기다려도 보고, 혼을 내기도 했습니다. 하지만 좋아질 기미는 안 보이고 유독 심한 날은 짐승 소리 같은 울음 소리를 내요. 한참을 울다가 지쳐서 잠이 든 아이를 보면 짠하고 이게 맞는 건가 걱정도 되고요. 우리 아이 어떻게 하면 좋을까요?

아장아장 걸을 때만 해도 엄마가 뭐 하자고 하면 "네" 하고 말을 잘 듣던 아이가 갑자기 돌변하는 시기가 이맘때입니다. 아이가 만 3세 즈음이 되면 자아 개념Self Concept이 발달하기 시작합니다. 자신의 능력, 태도, 느낌을 포함한 자신의 주관적인 인식 개념이 말이죠. 사물의 차이를 구별하고, 주변 사물에 이름을 붙이는 등 스스로 자신의 정의를 만들기 시작합니다. '아기 혹은 어른', '여자 또는 남자', '키가 크다 또는 작다'를 분류하고 자신의 나이나 성별도 구분할 수 있게 됩니다.

그뿐 아니라 이 시기에는 자기중심적 사고가 커지며, 아이의 언어가 빠르게 발달하는 시기입니다. 아이는 자신의 생각과 의견을 표현하고 혼자 하려는 경향이 커질 것입니다. 이때 아이들은 "싫어", "내가 할 거야" 하며 자신이 원하는 대로 되지 않으면 쉽게 토라지거나 서운한 감정을 표현하는 아이도 있습니다. 어떤 아이는 자신의 화에 못 이겨 분노로 폭발하기도 합니다. 부모는 그동안 순하던 아이의 다른 모습에 놀랄 수 있지만, 이것은 발달 과정상 아이의 자아감이 형성되는 시기에 볼 수 있는 행동입니다.

목욕을 하거나 밥을 먹거나 잠자리에 드는 등 일상에서 고집 센 아이를 다루는 것은 내 아이여도 부모에게 참 어려운 일입니다. 아이가 고집을 부리면 부모는 대개 두 가지로 반응합니다. 아이의 투정에 못 이기는 척 원하는 것을 들어줘서 빨리 이 불편한 상황을 끝내려 하든지, 아니면 고집부리는 아이를 혼을 냅니다.

하지만 부모가 상황을 종료하기 위해 아이의 고집과 투정에 굴복하면 의도치 않게 아이의 행동을 부추기게 될 수 있습니다. 아이는 '아 이렇게 하니 내가 원하는 것을 들어주는구나'와 같은 생각을 갖게 됩니다. 그렇다고 아이의 기를 꺾으려 강하게 훈육하면 힘겨루기만 하다 서로 감정만 상하기 쉽습니다.

아이는 기억하고 있습니다

만 3살 아이와 청소년은 자율성이라는 매우 유사한 발달 욕구를 가지고 있습니다. 아이가 태어나면 처음에는 모든 것을 부모에게 의존합니다. 그러다 유아기를 거치면서 스스로 먹고, 걷고, 움직이고, 의사소통하는 등 여러 능력과 기술을 습득합니다. 그러면서 스스로 결정을 내리기 시작하고 어떤 색의 옷을 입을지부터 음식의 선호도까지 결정하는 한 인격체가 만들어집니다.

그렇다고 자율성이 강한 아이가 모두 고집불통은 아닙니다. 좋든 나쁘든 의지가 강한 아이는 대부분 독립심이 강합니다. 아이의 성격이 자신감과 단호함으로 나타나기도 하지만 때로는 완고하고 반항하는 행동을 보이기도 합니다. 이런 아이가 특정 행동이나 물건에 집중하면, 그 관심을 다른 곳으로 돌리는 것 자체가 어렵습니다. 그러다 보니 마찰이 일어나기 쉽지요.

고집 센 아이로 자라는 데는 몇 가지 원인이 있습니다. 아이에게는 자신이 고집을 피우며 떼를 쓰는데 부모가 상황을 빨리 끝내려고 원하는 것을 들어준 경험이 있을 것입니다. 예를 들어 아이와 함께 마트에 갔는데, 아이가 갑자기 사탕을 사달라고 사람들 보는 앞에서 울며 고집부리기 시작합니다. 엄마는 너무 창피해 얼른 "이번만 사주는 거야. 자 여기! 빨리 그만 울어" 하고 아이에게 사탕을 줍니다. 이 상황에서 아이는 무언가를 손에 넣기 위해서는 고집을 부려야 한다고 생각하게 됩니다. 그 후로는 비슷한 상황에서 원하는 것을 얻고자 전에 사용했던 방식을 반복하는 것이지요.

부모가 아이를 지나치게 통제하려고 할 때 아이는 불편함을 느낍니다. 텔레비전 옆에서 공을 가지고 노는 것을 허락하지 않는 것은 아이의 입장에서 통제를 당한다고 느낄 수 있습니다. 물론 부모에게는 텔레비전이 상할까 봐, 아이가 다칠까 봐 등 공놀이를 금지하는 타당한 이유가 있지만요. 아이는 뜻대로 하지 못하는 상황에 불편함을 느끼고 이 불편함을 없애기 위해 고집을 피우는 것으로 해결하려 하기 쉽습니다.

아이에게 이렇게 해보세요

소리를 지르고 벌을 주는 것이 아이의 고집을 꺾고 행동을 멈추는 쉬운 방법으로 보일 수 있습니다. 하지만 좋은 방법이 아닙니다.

아이의 고집이 주체할 수 없는 화나 분노로 번지지 않도록 아이가 스스로 결정할 때까지 기다릴 필요가 있습니다. 이러한 아이들은 선택하는 것을 좋아합니다. 그래서 자신의 선택으로 비롯된 상황은 잘 받아들이고 화를 내지 않는 경향이 있어요. 그렇다고 모든 선택을 아이의 결정에 맡기라고 말씀드리는 것은 아닙니다.

01. 제한된 두 개의 선택지를 제시해 주세요.

아이가 사소한 상황에서 고집을 부릴 때는 원하는 대로 하게 해주세요. 대신 부모가 먼저 경계를 설정하고 그 안에서 아이가 선택할 수 있게 해줍니다. 예를 들어 티셔츠를 입고 가야 하는데 아이가 드레스를 입겠다고 고집을 부린다면, 아이에게 "빨간 셔츠를 입고 싶어? 파란 셔츠를 입고 싶어?"라고 물어봅니다. 이 방법은 아이는 선택을 할 수 있고, 부모는 제한된 선택권을 제공함으로써 상황을 통제할 수 있어 효과적입니다.

때론 선택권을 주어도 아이는 자신이 원하는 것을 고집하며 떼를 쓸지도 모릅니다. 그런 경우에는 다시 한번 단호하게 "빨간 셔츠 아니면 파란 셔츠"라고 하며 아이가 고를 때까지 두 가지 선택지를 전합니다. 아이에게 "선생님이 오늘은 모두 티셔츠를 입고 오라고 하셨어" 하고 이유를 간단하게 설명하고, 두 가지 긍정의 선택권을 제시해 주세요. "너 ○○ 안 하면, ○○ 없어"나 "셔츠 입을래? 아니면 과자 뺏을까?" 같은 긍정과 부정을 함께 제시하는 것은 아이에게 진정한 두 개의 선택지를 주는 것이 아니니 조심해야 합니다.

02. 일관성을 유지하세요.

만 2살에서 3살 사이 아이들은 주변 사람들에게서 영향을 많이 받습니다. 하루는 엄마가 집에서 공을 던지게 허락했다가 다음 날에는 공을 던지지 못하면 아이는 혼란스러워 합니다. 아이의 잘못된 행동을 멈추려면 얼마나 반복해서 가르쳐줘야 하는지 정해진 것은 없습니다. 아이에게 허용되는 것과 안되는 것을 일관성 있게 가르치면, 이 또래 아이들은 다섯 번 정도 주의를 들은 후에 인지한다고 합니다. 한두 번 말했는데 듣지 않는다고 포기하거나 집에 손님이 와서, 기분이 내킬 때마다 허용범위가 달라지면 아이는 일관성을 배우기 어렵습니다.

다른 예를 들어보겠습니다. 아이와 함께 마트에 갈 때마다 아이는 과자를 하나 집어 들고 그 자리에서 봉지를 뜯으려 합니다.

엄마는 계산을 마칠 때까지 열지 못하게 하느라 힘들고 아이는 징징거리며 당장 열겠다고 고집을 피웁니다.

일관성을 유지하기 위해 다음과 같이 말해보세요. "과자 봉지를 열지 못하게 해서 화가 났구나. 하지만 우리가 계산하고 나갈 때까지 기다려야 해. 계산이 끝나야 네가 먹을 수 있어"라고요. 이렇게 말한다고 해서 아이의 충동을 만족시킬 수는 없을 것입니다. 하지만 아이의 감정을 먼저 만져주고 기다리게 하면 아이의 분노를 줄이고 갈등을 완화시킬 수 있습니다.

일관성은 아이가 일상생활 속에서 꼭 지켜야 할 것을 학습시키는 과정입니다. 처음 셈을 배울 때 반복해서 결과를 보고 익히는 것처럼 부모가 아이의 반응과 결과에 일관적일 때 아이들은 무엇을 기대해야 하는지 알게 됩니다. 아이가 짜증을 내거나 화를 내거나 소리를 지르거나 공격적으로 행동할 때는 아이에게 허용되는 선을 명확히 보여주세요.

영유아는 언어보다는 그림으로 정보를 전달하는 것이 효과적입니다. 매번 마트에서 과자 때문에 고집을 피운다면 마트 가기 전에 과자 봉지가 열린 그림에 × 표시가 되어있는 그림을 보여주고, 아이에게 계산하기 전에는 과자를 뜯으면 안 된다고 알려주세요. 이런 일이 반복되면 아이는 자신의 행동에 부모가 어떤 반응을 할지 예측할 수 있게 되고, 시간이 지나면 안전함도 느낍니다. 그러면 고집을 부리는 행동을 줄어들 것입니다.

03. 아이의 고집스러운 반응을 감정적으로 받아들이지 마세요.

아이는 고집을 피우는 순간에도 여러분을 지켜보고 있습니다. 따라서 부모가 아이의 행동에 같이 화를 낸다면, 아이 마음은 무의식적으로 더 요동치게 됩니다. 갈등 상황에서 중요한 것은 아이가 떼를 쓰는 무의식적 반응에서 의식적인 반응으로 끌어오는 것입니다.

아이에게 화나는 걸 참고 있는데 아이가 고집부리며 무례한 행동을 계속한다면, 어느 순간 욱하여 감정싸움을 하게 됩니다. 아이의 공격적인 행동에 감정적으로 반응하지 마세요. 아이는 당신의 적이 아닙니다. 아이가 화가 나서 자해하거나 공격적인 행동을 할 경우는 안전을 위해 다치지 않게 주위 물건들을 다 치워 주시고 기다리세요.

아이가 흥분 상태인 경우에 무의식적인 행동을 하기 쉽습니다. 부모가 아무리 훈육을 해도 아이 뇌의 편도체가 제 기능을 하지 못하기 때문에 차분하게 "기다릴게" 하며 진정될 때까지 기다려 주세요. 아이가 화를 멈추고 다가오면, 아이의 감정에 공감해 주고 훈육을 하면 됩니다.

2

낯선 것을
너무 두려워해요

우리 아이는 똑똑하고 자신감도 있는 성격입니다. 평소에 자신이 해본 일에 대해서는 자신감을 가지고 도전하지만, 새로운 것을 시도하는 것을 아주 두려워합니다. 처음에는 안 좋은 기억이 있어서 그런가 하고 지난날을 되돌아보아도 그런 것은 없었어요. 새로운 것을 두려워하는 경향이 시간이 지날수록 커지는 것 같아 걱정이 됩니다. 부모 마음은 아이가 여러 가지를 경험하고 도전해서 더 많은 배움의 기회를 가졌으면 좋겠는데 아이는 피하기만 하고 자꾸 하라고 권하면 나중에는 화를 냅니다.

새로운 시도는 때론 어른들에게도 불편하고 겁이 나는 일입니다. 하지만 아이에게 도전이 배움으로 이어지니 부모는 새로운 경험을 시켜주려고 애를 쓰지요. 도전을 받아들이는 아이의 기질과 그에 따른 경험은 아이의 감정에 영향을 미칠 수 있습니다. 어떤 아이는 선천적으로 위험을 감수하면서 도전을 잘 받아들이는 경향이 있는 반면, 어떤 아이는 새로운 것에 겁을 내고 힘들어합니다.

두려움은 새로운 도전이나 경험에 대한 전형적인 반응입니다. 아이가 예측 가능한 상황을 편안해하는 기질이라면 그 기질이 아이의 새로운 시도를 방해할 수 있습니다.

부모 입장에서 아이가 많은 것을 경험하고 도전하면서 배우길 원하는 마음은 당연합니다. 저도 그런 마음이 앞서서 시간이 될 때마다 아이와 박물관에 다니며 할 수 있는 모든 체험활동을 해보라고 권유했습니다. 제 기준으로 아이를 끌고 다녔지요. 아이가 한곳에서 조금 더 놀기 원하는 데도 "저쪽에서 다른 것도 해봐야지. 그만 가자"고 하면서 다른 곳으로 끌고 가고, 불편해하는 아이에게 새로운 것을 만져보라고 강압적으로 굴었습니다.

가능한 한 많은 것을 경험했으면 싶은 마음이 아이보다 더 앞섰지요. 도전하지 않는 소심한 기질 때문에 나중에 좋은 경험들을 놓치고 살면 어떡하나 걱정되는 마음이 컸습니다. 그래서 의식적으로 아이가 새로운 것을 경험할 수 있는 환경을 제공하려고 노력하며 키웠습니다.

하지만 아이의 행동을 이해하려 하지 않고 강압적으로 권유한 제 행동은 오히려 역효과를 불러왔습니다. 내키지 않아 하는 아이에게 억지로 권해 체험활동을 한 후로는 아이는 새로운 것은 시도조차 하기 싫어할 뿐 아니라, 계속 해보라고 하면 공격적인 반응을 보였습니다.

부모의 입장에서는 아이의 경험의 폭을 넓혀 주고 싶은 마음 뿐이었지만 아이는 자신을 안정감 속에서 강제로 끌어내는 것으로 느낄 수 있습니다. 예를 들어 아이가 체력을 키우고 활동적으로 뛰어다녔으면 해서 태권도에 새로 등록을 했다고 가정해 봅시다. 부모는 더 좋은 환경을 제공하려고 한 것인데 아이는 저항할 수 있습니다. 아이의 흥미를 고려하지 않은 기회는 오히려 아이의 불안을 자극해 정신 건강, 학습 등 다양한 부분에서 문제를 일으킬 수 있습니다.

새로운 것을 두려워하는 아이는

새로운 것을 경험하려면 동기가 중요합니다. 아이가 도전을 거부하는 이유 중 하나가 낯선 상황의 불편함을 피하려는 것이에요. 마음이 불편할 때 동기가 현저하게 감소합니다.

아이는 많은 실수를 하고, 도움을 받고, 열심히 노력해서 새로운 것을 배웁니다. 하지만 이런 시도는 아이의 두려움을 유발합니다. '과연 내가 할 수 있을까?', '만약 못 하면 어떡하지', '해보면 이상할지도 몰라', '안에 뭐가 있는지 몰라서 무서워' 등 아이의 마음에 많은 걱정이 생겨나죠.

아동 심리학자 피터 무리스 박사는 4~12세 사이의 정상적인 아동의 불안 증상을 연구를 했습니다. 이 연구에서 아이들에게 불안 증상은 상당히 흔한 것으로 나타났는데, 발달 패턴을 조사한 결과 공포와 무서운 꿈은 4~6세에서 가장 흔했고, 7~9세에서 더욱 두드러졌다가 10~12세에서 빈도가 감소했습니다. 약 6세~12세 사이의 아이들에게 두려움은 아이들이 커가면서 나타나는 정상적인 감정입니다.

도전은 안전지대에서 벗어나는 일과 같습니다. 안전지대를 벗어나는 힘은 자존감과 자신감에서 나옵니다. 특히 어린 아이들에게는 도전을 위해 더 많은 용기와 자신감이 필요한데요. 아이는 예측이 어려운 상황에서 자신이 무력하거나 연약하게 느껴지므로 불안해지고 낯선 것을 피합니다. 피하는 과정에서 아이는 자신을 보호하기 위해 공격적 태도를 취하거나 그 상황에서 도망치려 합니다. 그러다 보니 부모는 서로 감정싸움을 하게 되고 아이에 대한 실망과 걱정으로 아이의 마음을 이해하기보다 잘못된 훈육을 하기 쉽습니다.

이렇게 해보세요

새로운 상황이나 장애물을 두려워하지 않고 자신 있게 대처하는 아이로 키우기 위해서는 부모의 관점과 아이의 관점을 절충할 필요가 있습니다.

01. 부모에게 여유가 필요합니다.

아이는 안 하는 것이 아니라 '아직' 못한 것입니다. 그림에서 제일 가운데 구역은 아이에게 활동하기 편안한 영역이 되고, 그다음은 새로운 것을 시도하는 영역, 가장자리는 공포를 주는 영역은 블랙

아웃 구역으로 이 영역에 들어가면 모든 걸 포기하거나 회피하려는 모습이 나타납니다.

사람들은 어떠한 일을 할 때 자신이 편안한 영역에 머무르려고 하는 마음이 있습니다. 새로운 것을 두려워하는 아이일수록 편안한 영역에 머무르려고 하는데요. 이런 기질을 가진 아이들은 자신이 늘 먹는 음식, 가는 장소 등만 고집합니다. 그것이 아이에게 편안함과 안정감을 주기 때문입니다. 변화에 적응하는 데 시간이 필요한 아이에게는 부모가 마음의 여유를 가지고 아이의 모습을 그대로 존중해 주세요. 천천히 시간을 두고 새로운 것을 시도하

게 해주세요. 아이가 준비되지 않은 상태일 때, 많은 것을 해보라고 하면 되려 극심한 공포감을 갖기 쉽습니다.

제대로 못 할까 걱정되어 시도하지 않는 아이는 잘하는 것, 해본 적 있는 것들을 반복적으로 하는 것도 좋습니다. 그것만으로도 아이에게는 내가 해냈다는 자신감이 생깁니다. 다른 아이와 속도의 차이가 있을 뿐이니 아이가 시도를 거부할 때 '아직은 시도하기 불편하구나'라고 이해하고 존중해 주세요.

02. 아이의 작은 노력에도 긍정적으로 반응하세요.

부모의 반응에 따라 아이의 도전이 성공하거나 실패하게 됩니다. 실제로 아이들은 새로운 것을 시도하기 전에 잠깐 멈추는 행동을 하기도 합니다. 아이의 새로운 도전 속에 숨겨진 아이의 노력을 봐주세요.

"와 여기 네가 지난번에 포기했던 곳인데, 지금은 해보려고 하는구나. 정말 대단한걸!"처럼 아이의 작은 행동을 묘사해서 칭찬해줍니다. 하지만 아이의 재능이나 지능의 칭찬은 좋지 않아요. 아이가 기울인 노력, 아이의 결심, 지난번보다 더 발전한 사실에만 무게를 두는 칭찬을 해주는 게 중요합니다.

또 아이가 시도했지만 잘 안 된 일에 너무 집중하지 마세요. 어렵게 도전한 아이에게 "네가 여기를 못 잡아서 미끄러진 거야" 대신 "네가 다시 시도했구나. 훌륭해. 다음에는 여기 다른 쪽을 잡고 가보자"와 같이 다음의 방향을 제시해 주는 것이 더욱 효과적입니다. 행동뿐 아니라 아이가 스스로 처음 시도한 음식이 맞지 않아 먹다 뱉었다고 해도, 지적하기보다는 스스로 선택해서 시도한 것을 칭찬해 주시기 바랍니다.

03. 아이와 상황을 미리 연습해 보세요.

아이가 새로운 상황에 불안감을 느끼면 연습을 통해 아이가 마음의 준비를 할 수 있도록 도와주세요. 이 방법은 아이에게 편안함과 자신감을 쌓게 해줍니다. 예를 들어 새학기가 되어 아이가 처음 만날 선생님을 두려워한다면 선생님과 만나면 어떻게 인사할지 연습해 보세요. 그러면 아이가 새로운 상황을 덜 낯설고 덜무섭게 느끼게 될 것입니다.

또는 미리 일어날 상황을 아이가 이해할 수 있도록 아이와 소셜스토리를 읽어보면 좋습니다. 소셜스토리는 사회적 상황을 설명하고, 행동하는 방법을 배울 수 있도록 만들어진 사회적 대본입니다. 아이에게 특별한 사건, 사회적 상황을 설명해 줄 뿐 아니라 그 상황에 대처할 수 있는 기술과 행동을 가르치기에 좋은 방법입니다.

예를 들어 아이가 정글짐을 올라가는 것을 두려워한다면, 아이들이 놀이터에서 노는 모습 사진과 정글짐 사진을 보여주고 아이에게 이야기를 들려줍니다. "친구들과 함께 노는 것은 재밌어. 정글짐은 높이 올라가야 해서 ○○는 조금 무서워해". 정글짐 올라가는 그림을 보며 "무서워서 시도하기 싫지만, 친구랑 같이 올라가 보고 싶어. 천천히 조심히 올라가 보면 괜찮아". 올라가서 극복한 그림을 보며 "나는 처음은 힘들어도 두려워도 할 수 있어" 같이 간단한 그림에 아이에게 전달하고자 하는 메시지를 넣어 아이만의 스토리를 만들어 보세요.

제가 가르쳤던 아이 중에 환경이 변하는 것에 심한 거부 반응을 가지고 있는 아이가 있었습니다. 이 아이가 등교할 때 버스를 타야 하는 상황이 생겼습니다. 등교하기 전에 아이의 불안과 두려움을 최소화하기 위해 소셜스토리를 4주 동안 시도하였습니다. 아이가 불안해하는 상황을 이야기로 만들어서 새로운 버스를 타고 학교를 가니 좋은 친구들과 선생님이 있어서 좋다라는 내용으로 아이에게 들려주었습니다. 4주가 지나자 아이가 조금 더 자신감을 느끼고 새로운 상황에 대한 두려움이 줄어드는 효과가 있었습니다.

3

주관 없이 이리저리
끌려다닐까 걱정돼요

아이가 원래는 재잘재잘 말도 잘 했는데, 어느 순간부터 자신의 생각을 표현하지 않습니다. 어떤 것을 물어보면 "엄마 생각은 어떤데?"라고 제게 다시 물어봅니다. 처음에는 아이가 더 좋은 결정을 하려고 물어보나 보다 하고 넘겼는데, 선생님과 면담을 해보니 학교에서도 자신의 생각을 표현하지 않는다고 들었습니다. 이러다 아이가 나중에는 자기주장 못하고 남에게 끌려다니지 않을까 걱정됩니다.

아이가 자기 생각을 표현하는 것은 아이의 발달에 매우 중요합니다. 때로는 아이가 아직 어려 결정을 못할 거라 생각해서 처음부터 끝까지 부모가 다 정해주는 경우가 있습니다. 예를 들어 아이에게 빨강과 노랑색의 머리핀을 고르게 해주면서 그와 동시에 "너는 노랑색이 잘 어울리더라" 하며 아이가 선택하기 전에 부모가 먼저 의견을 표현합니다. 아이가 자신의 생각을 표현하는 데 제약을 주는 것이지요. 이는 자칫하면 아이에게 순응을 강요하고 아이가 자신의 생각을 포기하는 결과를 초래하게 될 수 있습니다. 심지어는 자존감 저하, 우울증 등을 유발하기도 합니다. 어려서부터 자신의 생각을 표현하도록 해야 아이가 자신감, 독립성, 창의성 등을 기를 수 있습니다.

때로는 생각이나 감정을 잘 표현 못하는 성격이 출생 순서에 의해 영향을 받기도 합니다. 많은 부모가 첫째와 둘째를 다르게 대하기 때문입니다. 첫째 아이는 의지가 강하고 독립적이나 한편으로는 순종적인 성향이 있습니다. 부모로부터 집중적인 관심을 받고 자란 아이는 부모의 큰 기대치, 강요와 부담으로 점차 자신을 숨길 수 있습니다.

자기 생각을 표현 하지 않는 아이 행동 속에는

집안의 환경에 따라 아이들도 압박감과 스트레스가 마음에 큰 부담이 될 수 있는데요. 특히 자신의 마음과 생각을 잘 표현하지 않는 아이의 마음속에는 자신도 모르게 착한 아이 증후군이 자리 잡고 있을 수 있습니다.

이런 아이는 하고 싶은 말을 하거나 의견을 내는 것을 두려워
합니다. 자신의 진심을 표현하면 다른 사람에게 미움을 받게 될
까 걱정하며 감정을 표현할 때 머뭇거립니다. 때로는 부모님의
의견을 듣지 않고 결정하는 것도 어려워합니다. 또한 다른 아이
들과 달리 부모나 주변 환경에 반항적인 반응을 보이는 단계를
거치지 않죠.

아이가 착한 아이 증후군을 갖게 되는 이유는 부모님의 지나친
기대와 욕망 혹은 강요 때문입니다. 또한 "너는 형(오빠, 누나, 언니)이
니 동생을 돌봐야지"와 같은 요구를 자주 하면, 아이는 부모의 기
대에 부응하기 위해 착한 아이처럼 행동하려고 할 수 있습니다.
부모가 지나치게 자신의 가치를 강요하고 아이를 위해 모든 선택
을 대신 할 때 아이는 서서히 자신의 독립성을 잃게 됩니다.

이렇게 해보세요

01. 아이에게 선택하는 연습을 시켜주세요.

우리는 매일 선택하며 삽니다. 무엇을 먹을지부터 꿈을 위해 결정을 내리기까지 등 삶은 크고 작은 선택의 연속이지요. 아이가 생각을 표현하고 자신이 원하는 것을 선택할 수 있도록 작은 것부터 연습해보면 좋습니다.

잠자기 전 엄마가 읽어줬으면 하는 책을 고르게 한다든지, 놀이 시간에 무얼 하고 놀지 고르게 할 수 있습니다. 또 헤어밴드나 핀을 고르게 하고, 입고 싶은 옷을 선택하도록 둡니다. 자신이 무엇을 하고 싶고, 싫어하는지를 자연스럽게 느낄 수 있도록 도와주세요.

설사 아이가 고른 것이 계절에 어울리지 않아도 아이의 의견을 존중해주세요. "엄마는 이게 더 이쁜 것 같은데…"라고 하며 은근슬쩍 부모가 원하는 것을 권하면 아이는 자신의 선택이 존중받는다고 느끼지 못합니다. 매번 엄마의 의견을 반영한 선택을 해왔던 아이는 자신이 원하는 것보다 엄마의 의견을 따르는 게 더 좋은 거라고 생각하게 됩니다. 그러면 점차 자신의 생각을 표현하지 않게 되겠지요.

02. 부모가 아이를 언제나 사랑한다는 것을 알려주세요.

만약 아이가 거절을 당하거나 미움을 받을까 걱정되어 표현을 제대로 못한다면, 어떠한 행동을 해도 부모의 사랑받는 것이 당연하다는 것을 알려주세요. 이는 아이의 잘못된 행동까지 무조건 받아주라는 것이 아닙니다. 아이가 하는 일이 아니라 아이를 있는 그대로 받아들이라는 것입니다.

아이의 능력과 행동은 사랑의 크기에 영향을 주지 않다는 것을 말해주세요. "네가 실수해도 괜찮아. 어떠한 실수를 해도 엄마는 너를 사랑해"라고 건네는 한마디가 아이의 마음을 안정시키고 내면에 있는 두려움을 줄여줄 것입니다.

아이에게 "아니요"라고 말하는 것이 나쁜 행동이 아니라고 알려주세요. 다른 사람이 무언가를 요구할 때 다 들어줄 의무는 없습니다. 아이는 그동안 엄마의 부탁을 단 한번도 거절하지 않았지만, 마음속으로는 힘들어할 수 있습니다. 아이에게 "네가 싫으면 언제든 싫다고 말해도 괜찮아. 엄마는 너를 사랑해. 그럼 다른 방법을 찾으면 돼"라고 충분히 말해주세요. 그리고 아이가 거절했을 때는 다른 방법으로 일을 해결하는 모습을 보여주세요.

03. 부모가 먼저 감정을 털어놓으세요.

아이에게 부모는 인생에서 가장 큰 롤 모델입니다. 부모가 먼저 감정을 표현해 아이가 감정 표현에 익숙해지도록 가르쳐주세요. 취학 전 아이들은 글보다 시각적 자료를 쉽게 이해하니 감정 카드를 사용하면 좋습니다. 감정 카드를 가지고 아이는 자신이 느끼는 감정을 인지하고 말로 표현함으로써 나를 중심으로 생각하는 연습을 할 수 있습니다.

감정이나 생각을 시작으로 좋아하는 것, 원하는 것은 무엇인지 아이와 함께 이야기해 보세요. 다양한 상황을 예로 들어 대화를 나누면 좋지만 무심코 부모의 생각을 말하는 것을 조심해야 합니다. "내가 너라면 ○○ 했을 텐데"가 아니라 "네가 서운한 감정이 들었겠네"로 공감하며 아이의 생각과 감정을 이끌어내는 것이 중요합니다.

표현을 잘 못 하는 아이가 선택을 해야 하는 상황에서 적절한 답을 찾도록 만들기 위해 대화를 나누는 것이 아닙니다. 아이가 곰곰이 생각해서 자신이 원하는 결정을 내리도록 하는 것이 중요하다는 것을 잊지 말아 주세요.

4

같은 영상을
30번씩 봐요

몇 년 동안 코로나 때문에 외출 횟수가 줄어서 아이가 텔레비전이나 영상을 시청하는 시간이 늘어났습니다. 영상 보는 시간이 길어진 것도 아이에게 안 좋은 영향을 주는 것 같아 늘 마음이 쓰이는데 아이가 한 영상만 보고 또 봅니다. 너무 하나에만 집중하는 것 같아 슬쩍 다른 것을 보게 하면 어느새 맨날 보던 영상을 틀어놓고 있습니다. 아이가 이해되지 않고 괜찮은 건지 걱정도 됩니다.

영상을 보고 또 봐서 대사도 외운 것 같은데 볼 때마다 넋을 잃고 보는 모습을 보면 이해가 안 될 수 있습니다. 때로는 같은 영상을 보는데도 처음처럼 집중해서 보는 게 신기할 정도입니다. 대사를 외우거나 무슨 일이 일어날지 미리 알고 웃기도 하는 것을 보면 지루해 보이지도 않습니다.

반복적인 것을 좋아하는 아이들이 있습니다. 부모는 아이가 영화나 책, 게임 혹은 영상 하나만을 고집하는 것이 혹시나 아이에게 나쁜 영향을 주는 게 아닌가 걱정되는 마음은 이해가 됩니다. 이는 우리 아이에게만 나타나는 행동이 아닙니다. 반복적인 것을 좋아하는 경향은 어린아이일수록 흔하게 발견되고 있어요.

반복적으로 한 영상만 보는 아이의 행동은

아이가 반복해서 영상을 보는 이유 중 하나는 익숙한 영상에서 위안과 안도감을 느끼기 때문입니다. 아이가 바쁜 생활 속에서 마주치는 모든 일을 어쩌면 심리적으로 벅차다고 느낄 수 있습니다. 익숙해서 다음에 무슨 일이 일어날지 예측 가능한 것을 보며 마음을 진정시키려는 것이죠.

우리는 모두 불확실한 것보다 예측 가능한 것을 선호합니다. 영상이지만 세상의 일부를 자신이 통제할 수 있다는 생각은 아이에게 자신감을 더해주기도 하고요. 영상을 보며 아이는 자기가 알고 있는 것을 떠올리고 대사를 따라 말하는 것이 아이에게는 자신의 능력으로 앞으로 일어날 일을 맞추는 것처럼 즐거움을 줄 수 있습니다.

또는 아이가 영상을 처음 봤을 때 내용을 완전히 이해하지 못했기 때문일 수도 있습니다. 짧은 만화나 영상이어도 그 안에서는 많은 일이 일어납니다. 여러 인물이 등장해 대화가 오가고 감정이 전개되며 상호작용이 일어납니다. 많은 일이 동시에 일어나기 때문에 어린아이일수록 세부사항을 놓치기 쉽습니다.

아이의 주의력과 인지 처리 능력이 영상의 속도를 따라가지 못하기 때문입니다. 영상을 볼 때마다 '아 뒤에 있는 다른 사람이 강아지를 데리고 있었구나', '아 저 강아지가 나중에 또 나오네' 등 기존에 인지하지 못했던 새로운 세부사항과 스토리를 더 세세하게 알게 되는 것이죠. 아이는 반복적으로 영상을 보며 등장인물들의 관계, 사건 등의 연결고리를 만드는 인지적 과정에 푹 빠져있는 것입니다.

영상을 반복해서 보는 것은 아이가 무언가를 배우는 방법 중 하나입니다. 어릴 적 노래와 춤을 배울 때, 여러 번 반복해서 보고 따라 한 기억이 있을 것입니다. 아이가 영상을 통해 배우고자 하는 것을 익힐 때까지 반복적으로 집중해서 보고 있는 경우도 있습니다.

이렇게 해보세요

반복적으로 하나의 영상을 보는 것이 걱정할 만큼 나쁜 일은 아닙니다. 여러 번 반복해서 영상을 시청하면 아이의 이해력이 향상됩니다. 한 연구에 따르면 한 동화책을 여러 번 다시 읽은 어린이들이 다양한 책을 읽은 어린이들보다 책에서 더 많은 어휘를 배우게 된다고 합니다. 변화가 아닌 반복이 때로는 아이들에게 새로운 것을 배우도록 돕습니다.

하지만 영상이 아이의 나이에 맞지 않거나 유해하다면 시청 습관을 바로잡거나 영상을 제한하는 것이 좋습니다. 그렇다면 같은 영상을 계속 보는 아이에게 학습에도 도움을 줄 수 있는 방법을 알려드리겠습니다.

01. 아이가 좋아하는 영상을 함께 보세요.

아이에게 줄거리나 등장인물 등 어떤 점이 마음에 드는지 물어보세요. 또는 "저 아이는 왜 슬퍼? 누가 주인공이야? 아빠 이름이 뭐지?", "다음에는 무슨 일이 일어날 거 같아?" 같은 질문을 하면 좋습니다. 또한 아이가 집중하지 못한 부분을 파악하고, 그 의미를 자세히 설명해 줍니다.

같은 영상을 보는 것의 좋은 점은 아이가 그 영상에서 메시지와 교훈을 파악할 수 있는 충분한 기회를 얻는다는 것입니다. 단순한 줄거리 말하기 식의 대화가 아니라 영상 내면에 담긴 감정변화나 상황, 교훈 등에 중점을 두어서 깊은 이해를 할 수 있도록 함께 대화를 나눠주세요.

02. 영상 속 주인공의 감정 변화나 상황을 통해 아이의 정서 발달을 도울 수 있습니다.

아이가 반복적으로 하나의 영상을 고집한다면, 그 영상에서 등장인물의 감정의 변화를 잘 파악해 아이와 이야기해 보세요. 다른 사람의 관점과 감정을 살피는 연습을 할 수 있습니다. 이는 정서 지능 발달에 도움이 됩니다.

"기린이 춤을 추는데 다른 친구들이 웃었을 때 기분이 어땠을까?"와 같은 질문을 해보세요. 아이들은 스토리에만 집중하기 때문에 그 속에 있는 캐릭터의 생각이나 감정은 느끼기 힘듭니다. 좋아하는 영상을 통해 자연스럽게 사회적 기술을 가르치고 아이가 비슷한 상황에 잘 대처할 수 있는 효과를 얻을 수 있습니다.

나아가 영상 속 한 장면을 함께 상황극으로 해보면 아이가 캐릭터가 느끼는 감정을 경험하는 데 도움을 줄 것입니다. 물론 상황극이 어렵다면 아이와 대화하는 것으로도 충분히 효과가 있으니 걱정마세요.

5

동생이 태어난 후
엄마에게 집착해요

저희 큰아이는 3살인데 최근 둘째가 태어났습니다. 출산 후에 조리원에 있을 때부터 자신도 엄마와 함께 있다고 떼를 쓰더니 집으로 돌아온 이후에는 집착이 더 심해졌어요. 심한 날은 어린이집에도 가지 않겠다고 버티고 아기처럼 행동하기도 합니다. 물론 갑자기 동생이 생긴 아이의 마음을 모르는 것은 아니지만 이대로 두면 안 될 것 같아요. 아이에게 상처주지 않고 어떻게 보살펴줘야 할지 걱정입니다.

엄마에게 집착하고 퇴행 행동을 보이는 아이를 너무 걱정하지 마세요. 아이의 발달은 계단 모양으로 진행되는데 때론 심리적 요인으로 퇴보적인 행동을 하기도 합니다. 아이에게 관심을 보여주면 곧 안정을 되찾을 거예요. 아기가 태어나는 것은 가족 구성원에게 큰 변화입니다. 더욱이 부모의 중심이었던 첫째 아이에게는 더욱 큰 변화이지요.

부모의 관심을 혼자 받던 큰아이는 동생과 부모를 공유하게 됩니다. 이때 어떤 아이들은 잠시 퇴보하는 모습을 보여요. 소변을 잘 가리던 아이가 갑자기 못 가리기도 하고, 밥을 혼자 잘 먹다가 갑자기 먹여주지 않으면 안 먹겠다고 떼쓰기도 합니다. 질투심이 강한 아이는 엄마가 아기를 안고 있는 모습만 봐도 소리를 지르는 경우도 있습니다.

동생이 태어난 후 엄마에게 집착하는 아이에게

첫째가 동생의 탄생에 이런 반응을 보이는 것은 지극히 정상적입니다. 하지만 이러한 관계가 오래 지속되면 좋지 않겠지요. 부모가 마음을 열고 큰아이를 이해해 주면 점차 질투가 줄어들고 집착하는 것을 멈출 것입니다.

아기를 처음 집에 데리고 왔을 때 큰아이는 여전히 혼자 부모의 사랑과 관심을 받는 것을 당연하게 생각합니다. 그래서 자신이 아닌 다른 아이를 돌보는 부모의 모습에 아이가 느낀 좌절감 혹은 자신의 위치에 대한 혼란이 질투심으로 나타난 것뿐입니다.

이렇게 해보세요

01. 공감하고 이해한다는 것을 표현해 주세요.

동생이 생긴 후 큰아이가 떼를 쓰거나 울면 부모는 아이가 관심을 받기 위해 의도적으로 그런 행동을 한다고 생각하기 쉽습니다. 하지만 인내와 이해로 혼란스러운 아이가 다시 안정감을 느끼도록 꾸준히 노력해야 합니다.

아이의 행동은 정서적 지지와 사랑이 필요하다는 것을 의미한다고 해석해 주세요. 아이에게 너는 여전히 사랑받고 있고, 새로 태어난 아기만큼 중요하다는 믿음을 줘야 합니다. 우선 아이의 행동에 공감하는 것부터 시작해 보세요. 엄마를 불렀는데 빨리 오지 않는다고 우는 큰아이에게 "엄마가 빨리 못 와서 화가 났구나. 미안, 아기 기저귀를 바꿔야 했어"라고 하며 아이의 마음에 공감해 주는 것입니다.

02. 동생과 소통하는 법을 알려주세요.

큰아이에게 동생과 소통하는 법을 가르쳐야 합니다. 갓난아기에게 새로운 것을 가르치는 것처럼 큰아이에게 동생과 노는 법을 알려주세요. 부모가 먼저 시범을 보여주고 아이를 격려하면 동생을 가족으로 받아들이는 데 도움이 됩니다. 예를 들어 동생을 만질 때는 부드럽게 만져야 한다는 것을 가르쳐 주는 것입니다. 아이가 동생을 거칠게 만질까 걱정돼서 무조건 만지면 안 된다고 하기보다 방법을 알려주세요. 그러면 아이는 긍정적인 방법으로 동생과 소통할 수 있게 됩니다.

만약 큰아이가 의도적으로 동생을 때리거나 거칠게 대하는 것을 보면 단호하게 행동하세요. "때리는 것은 나빠"라고 말하고 아이의 손을 잡고 부드럽게 만지는 것을 다시 시범을 보인 후 큰아이가 그렇게 동생을 대하도록 격려해 주세요.

03. 아이에게 자신의 역할을 만들어주세요.

가족 구성원의 의미를 잘 알려주세요. 아이가 이해하기 쉽게 인형으로 각각 구성원마다 자리가 있고, 동생이 태어났다고 해서 네 자리가 없어지거나 사랑을 덜 받게 되는 것이 아니라고 차분히 설명해 주세요. 아이들은 공동체 안에서 자신의 역할을 하는 것을 아주 좋아합니다. 이는 아이에게 구성원으로서 공동체 안에 있다는 소속감을 느끼게 해줍니다.

가정에서 아이에게 특정한 역할을 만들어 주는 것은 동생에게 지속적으로 질투심을 느끼지 않도록 하는 좋은 방법입니다. 동생의 옷을 갈아입힐 때 세탁 바구니에 옷을 넣는 것, 동생 목욕시킬 때 옆에서 즐겁게 해주는 것 등 일상적인 활동에 의미를 부여하고 역할을 주면 동생을 자신이 보호하고 돌봐야 하는 대상으로 인식하게 됩니다. 이때 주의해야 할 것이 있습니다. "너는 이제 컸으니 언니(누나, 형, 오빠)처럼 행동해"라는 말은 삼가야 합니다. 이는 역할을 주는 것이 아니라 책임감을 요구하는 것으로 받아들일 수 있습니다.

04. 정기적으로 큰아이와 일대일로 시간을 보내세요.

엄마가 큰아이와 잠깐이라도 단둘이 시간을 보내는 것은 아주 중요합니다. 둘만의 시간을 통해 아이는 엄마와 깊은 유대를 유지하고, 자신도 사랑받고 있다는 것을 확인할 수 있습니다. 하루에 10~20분 정도라도 큰아이에게 온전히 집중하는 시간을 만들어주세요. 아이와 게임을 하거나 같이 음악을 틀고 춤을 추며 노는 것도 좋은 방법입니다.

이 시간은 훈육이나 행동 개선 등의 목적 없이, 충분히 즐기는 시간입니다. 대신 아이가 하는 행동 묘사나 모방, 아이의 말에 경청할 필요가 있습니다. 부모의 관심을 오로지 큰아이에게 쏟아 아이가 관심을 충분히 느낄 수 있게 해주세요. 그리고 아이가 놀이 활동을 주도하게 두세요. 아이는 자신이 주도하여 결정하면서 독립심과 자신감을 키울 수 있습니다.

여기서 주의할 것은 이 특별 놀이 시간에 아이에게 질문, 놀이 방향 제안, 비판하는 언어를 하지 마세요. 부모가 놀이 방향을 이끌다 아이가 따라오지 않으면 갈등으로 번지기 쉽기 때문입니다.

둘째가 생기면 가정에서 부모의 시간은 더 없어지고, 육체적으로도 힘들어집니다. 그렇다고 큰아이에 대한 사랑의 표현을 놓치면 안됩니다. 사랑한다는 말을 더 많이 하고, 포옹을 더 자주 하고, 잠깐이라도 책을 읽어주세요. 부모가 아이에게 시간과 관심을 기울이면 아이의 퇴행 행동이나 떼쓰는 문제 행동도 조금씩 나아질 것입니다.

일부러 아기 같은
말투로 말해요

어느 날부터 만 5살인 아이가 갑자기 아기 같은 말투를 쓰기 시작했습니다. 처음에는 아이의 행동이 귀엽고 웃겨서 같이 웃었는데, 지금은 하지 말라고 해도 자꾸만 따라 합니다. 전에는 말을 곧잘 하고 문장으로 말을 했는데, 어느 순간 아기처럼 말하는 아이 때문에 이제는 너무 걱정이 됩니다. 아이들의 언어나 발달도 퇴행이 될 수 있나요?

"내꼬야. 잉 시로시로" 세 살 때 말을 배우며 했던 말들이었는데, 갑자기 혀 짧은 소리를 내거나 단어로만 말을 하는 경우가 있습니다. 일시적으로 나타났다가 사라지는 퇴행 행동은 자연스러운 현상입니다. 말을 잘하던 아이가 단어를 쓰지 않고 공격적인 행동으로 표현하는 경우도 그렇습니다. 아이의 발달 과정에서 나타나는 일시적인 현상일 수 있지만 스트레스, 좌절, 트라우마와 같은 외상적인 사건에 의해서 아이의 발달 퇴행이 야기될 수도 있으니 잘 살펴봐야 합니다.

아기의 말을 따라 하는 아이 행동 속에는

취학 연령의 아이들이 갑자기 아기처럼 말을 하는 경우가 종종 있습니다. 아이가 부모로부터 긍정적 관심을 충분히 받지 못한다고 느끼면 아이는 여러 방법으로 부모의 관심을 끌려는 시도를 합니다. 중요한 것은 아이들이 이런 행동의 목적은 관심을 받는 것이기 때문에 이 행동이 엄마를 얼마나 짜증나게 하는지는 신경 쓰지 않습니다.

특히 유아 퇴행은 동생의 출현으로 인해 줄어든 부모의 관심과 사랑을 되찾으려는 일시적 현상일 가능성이 많습니다. 아이는 동생이 태어나기 전처럼 부모의 관심을 온전히 받기 위해 퇴행 행동을 하는 것이죠.

아이의 아기같은 말투 뒤에 있는 감정을 먼저 생각해 주세요. '엄마 나도 봐주세요'를 퇴행 행동으로 표현하는 것이니까요. 아이들은 자신이 느끼는 감정을 말로 표현하기 어려울 수 있습니다. 불안하거나 혼란스러운 건 아닌지 아기처럼 말하는 아이의 언어 속에 감춰진 감정을 헤아려주세요.

스트레스로 아이가 퇴행을 보인다면, 이는 아이가 자신이 느끼는 고통을 전달하려는 행동입니다. 퇴행은 아이가 안전하고 편안하다고 느끼는 곳으로 숨을 수 있게 해주는 유용한 반응입니다. 예를 들어 이유식을 먹는 아이가 병이 나서 한동안 우유만 마시려고 하는 것은 아이가 편안함을 위해 찾는 것이므로 이는 시간이 지나면 자연스럽게 해결됩니다. 하지만 트라우마와 같은 사건으로 아이가 퇴행 행동을 보인다면, 전문가와 상의하는 것이 중요합니다.

이렇게 해보세요

퇴행 행동은 아이가 질책이나 훈계를 받아야 할 것이 절대 아닙니다. 부모의 이해심과 세심한 반응이 필요한 부분이죠. 만약 아이가 동생이 생긴 후 손가락을 빨거나 공갈 젖꼭지를 찾는 등의 행동을 보인다면, 아이에게 시간을 주세요. 시간이 지나면 자연스럽게 아이 스스로 자신의 발달 단계에 맞는 상태로 돌아올 것입니다. 이때 부모가 함께 노력하면 큰 도움이 됩니다.

01. 아이의 상황을 살펴보세요.

아이의 퇴행의 원인이 무엇일까를 깊게 생각해 보세요. 주변에서 어떤 변화가 있었고, 스트레스받을 만한 일은 없었는지 말입니다. 일상에서 일어나는 사소한 변화도 충분히 원인이 될 수 있습니다. 잠자리 배치가 바뀌었는지, 엄마한테 심하게 혼이 났는지 등의 원인을 알면 아이의 퇴행을 해결하는 데 도움이 됩니다.

02. 아이에게 충분한 관심을 표현하고 긍정적인 행동을 칭찬해 주세요.

아이가 겪고 있는 스트레스를 이해하고 동감한다면 그것을 아이에게 알려주세요. 아이들은 자신의 감정을 이해받는 것을 좋아합니다. 아이에게 충분한 관심을 주고 안심시켜주세요. 아이가 부모로부터 관심을 받고 있다는 것을 느껴야 합니다.

부모가 아이에게 수치심을 주지 않고 퇴행 행동을 알고 있다는 것을 보여주시기 바랍니다. 어린아이의 언어를 쓰는 퇴행 행동을 보일 때 부모가 반응하면 아이들은 잘못된 행동에 관심을 가져준다고 생각할 수 있습니다. 퇴행 언어를 사용할 때는 "또박또박 말해줘"라고 이야기하고, 아이가 제대로 이야기했을 때에는 "말을 잘하네. 아기가 말하면 무슨 말인지 모르겠는데, ○○이가 하는 말은 잘 알겠어"라고 아이의 행동을 아낌없이 칭찬해 주세요.

많은 경우 퇴행 행동은 동생이 생기는 것 등 스트레스 상황에서 비롯됩니다. 또는 관심을 받으려 하는 것이기에 우선 충분한 관심을 표현해 주는 것이 중요합니다. 아이의 행동은 바로잡아 주되 퇴행 행동을 하지 않아도 사랑받고 있다는 것을 알려주세요.

03. 정상적인 언어를 사용할 때만 반응하세요.

아이가 아기 말투를 계속한다고 해서 혼을 내거나 모욕을 주지 마세요. 부모에게 인내심이 필요한 때입니다. 전략적으로 아이가 아기 말투로 질문을 하면 못 들은 척하세요. 하지만 아이가 평소와 같은 말투를 사용하면, 아이의 말에 집중하고 응답하시기 바랍니다. 때로는 아기 말투가 습관이 되어 자신이 아기처럼 말한다는 것조차 모를 수 있습니다. 그때는 아기 말투를 사용하고 있다는 것을 상기시켜주는 것이 도움이 됩니다. 혹은 "엄마는 아기의 말을 이해할 수 없어", "천천히 무엇을 원하는지 말해봐"라고 말하는 것도 좋습니다.

7

제 말은 다
잔소리로 들어요

아이가 제가 말하면 들어도 못 들은 척합니다. 때로는 참고 참던 것이 욱하고 화가 치밀어 오릅니다. 도대체 왜 말해도 안 하냐고 물어보면 아이는 엄마는 매번 자기에게 잔소리만 한다고 하네요. 아이는 제 말을 들으려 하지 않고, 저는 아이에게 매번 화가 나는 악순환만 반복되요. 아이에게 화를 내고 돌아서면 제 자신에게 실망스럽고 속상합니다. 큰아이를 보고 동생들도 따라 할까 걱정도 되고요. 늘 제 말을 듣는 둥 마는 둥 하는 아이와의 관계 어떻게 해야 하나요?

아이들은 실패로부터 많은 것을 배웁니다. 어떤 경우에는 실패가 강력한 동기부여가 되기도 합니다. 부모가 하는 실수 중 하나가 결과에만 치중하다 보니 아이에게 잔소리를 하는 것입니다. "너 책상 좀 치워라", "숙제 언제 할 거야?", "그렇게 하지 말라고 했지", "네가 이렇게 해서 안 되는 거야" 등 끝도 없이 이어집니다. 부모에게 잔소리는 아이가 잘되라고 혹은 걱정이 된다는 마음의 표현입니다.

하지만 부모의 잔소리는 아이에게 피로와 과부하를 일으킬 수 있습니다. 잔소리가 반복되면 부모는 변하지 않는 아이의 태도에 좌절하고, 아이는 부모로부터 받는 부정적 편견이 쌓여 관계에 나쁜 영향을 줍니다. 부모 입장에서 좋은 말로 하는 것도 한두 번이지 말을 듣지 않으면 화가 나고 짜증도 나는 게 정상입니다. 기분이 상한 후엔 아이의 행동을 바꾸는 것에 신경이 쏠려 아이와 즐거운 시간을 보내기 어려워지고요.

지금 아이가 부모의 말을 다 잔소리라고 느낀다면 나를 돌아볼 필요가 있습니다. 잔소리란 무엇이라 생각하시나요? 아이를 키우다 보면 아이에게 지시나 지침을 내려야 할 때가 많습니다. 예를 들어 아이에게 엎질러진 물을 치우는 법을 가르친다든지, 책가방을 챙길 때 준비물을 상기시키는 것이든지 매일 반복되는 주의 사항과 지시 사항을 아이는 잔소리로 받아들일 수 있습니다. 하지만 잔소리와 지시는 확실히 다릅니다. 잔소리에 깔린 근본적인 문제는 부모가 아이의 행동을 좌지우지하려는 것입니다.

아이가 시간 내에 숙제를 마칠 수 있을까 걱정하는 것보다는 부모가 아이의 시간을 나서서 관리해주는 식인 것입니다. 잔소리는 "너 지금 몇 시야? 학원 다녀오면 숙제부터 하라고 했잖아. 또 숙제 잊었어?" 같은 식입니다. 잔소리를 하는 부모는 아이의 결정과 시간을 불필요하게 통제하려고 합니다.

잔소리를 거부하는 아이의 행동에 숨겨진 마음

비록 엄마는 좋은 의도를 가지고 있더라도, 의사소통 방식에 따라 잔소리로 들릴 수 있습니다. 잔소리는 사실 부모가 아이를 위해 무언가를 하도록 만드는 매우 비효율적인 방법입니다.

뉴욕 빙엄턴 대학에서 부모가 7~11세 사이의 아이들에게 말하는 것을 관찰하는 연구를 진행했습니다. 부모는 5분 동안 자신의 아이에 대해 이야기를 했습니다. 부모가 한 이야기를 바탕으로 비판 수준을 코드화하고 아이들을 대하는 비판적인 수준을 평가했죠. 그리고 나서 7~11세 사이의 아이들에게 감정을 보여주는 얼굴 사진 여러 장을 아이들에게 보여주며 뇌 활동을 측정했습니다.

매우 비판적인 부모의 목소리를 들으며 자란 아이들이 감정이 드러나는 사진을 볼 때 비판의 정도가 낮은 부모의 아이들보다 뇌의 광범위한 영역을 비활성화시킨다는 것을 알게 되었습니다. 이는 부모의 잔소리를 들으며 자란 아이들이 모든 표정에 덜 주의를 기울인다는 것으로 아이에게 감정적인 측면에서 부정적인 영향을 준다는 뜻입니다.

아이들은 부모의 끊임없는 잔소리를 원망하게 되거나 부모로부터 자신이 받는 유일한 관심이 부정적인 것이라고 느낄 수 있습니다. 그래서 아이는 부모를 피하고, 따돌리고, 방어적으로 반응합니다. 그뿐 아니라 부모의 잔소리는 아이의 독립성을 떨어뜨립니다. 아이에게는 자신의 시간을 통제하고, 스스로 결정을 내릴 수 있는 자유가 필요합니다. 이러한 자기 결정권은 자신의 환경을 통제하면서 내적 동기를 이끌어내기 때문에 스스로 성공적 자율적인 성인으로 이끄는 자기 효능감을 기르는 데 중요한 역할을 합니다.

아이들은 부정적인 부모의 잔소리를 거부하면서 무시하고, 부모는 자신의 영향력에 위협을 느끼기 때문에 사소한 문제가 더 많은 잔소리로 변합니다. 부모와 아이의 관계에서 부모는 강요하는 사람이고 아이는 저항하는 사람이 되죠.

잔소리를 할 때 중요한 것은 부모의 관점입니다. 아이가 해야할 일과 했으면 하고 바라는 일을 구분하는 것이 아주 중요합니다. 예를 들어 피아노 연습은 아이의 행복과 건강한 어린 시절에 꼭 필요한 사항이 아닙니다. 하지만 많은 부모가 아이의 외적 동기를 전투적으로 몰아쳐서 이끌어내는 경향을 보입니다. 그럴 때 생각해 볼 몇 가지가 있습니다.

첫째로 아이에게 자율성을 부여할 수 있는지 생각해 보세요.

샤워를 귀찮아하는 아이에게 몇 시에 샤워할 건지 물어보고 의견을 따르거나 샴푸를 직접 고르게 하는 등 아이에게 선택권을 주세요. 샤워는 아이가 청결을 위해 꼭 해야 하는 일이기 때문에 아이에게 그 안에서 원하는 것을 선택할 수 있게 하고 동기부여를 도와줍니다.

둘째는 목표를 달성할 수 있는 다른 방법이 있는지를 생각해 보세요. 예를 들어 아이가 스케이트를 배우고 있어서 늘 연습하라고 잔소리를 했다면, 아이가 스케이트를 배우는 목적이 무엇인지 생각해 볼 필요가 있습니다. 아이의 다양한 경험과 건강을 위해 시작했다면 그 대신 태권도나 수영, 춤 등을 통해서도 같은 목적을 달성할 수 있습니다. 아이가 원한다면 다른 활동을 선택하는 것도 방법입니다.

이렇게 해보세요

01. 더 나은 대화를 위해 아이의 감정을 이해해 주세요.

아이가 부모의 말을 듣지 않는 이유를 이해하는 데는 먼저 공감이 필요합니다. 아이가 어떠한 일이 공정하지 않다거나 강요당하고 있다고 느끼는 상태에서 부모는 아이에게 지속적으로 지시 사항만을 전하면 상황이 어떻게 될까요?

예를 들어 아이는 원하지 않지만 방 청소를 해야 합니다. 자신의 방이 어떻게 보이는지 신경 쓰지 않는 아이를 청소하게 하는 것은 어려운 일입니다. 이때 아이의 감정을 먼저 이해해 주고, 청소의 좋은 점을 볼 수 있도록 도와주세요. "네가 지금 피곤해서 방을 청소하고 싶지 않구나"처럼 아이의 감정을 헤아려주고 "조금 쉬고 난 후에 바닥에 있는 물건들은 정리했으면 해. 다른 사람이 밟으면 다칠 수 있거든"이라고 하는 식으로 대화해 보세요. 아이의 감정을 먼저 이해하고, 다른 사람을 배려할 수 있도록 알려주면 아이에게 잔소리하지 않고도 행동의 변화를 이끌어낼 수 있습니다.

02. 아이에게 잔소리보다 일을 수행하는 방법을 결정할 수 있게 해 주세요.

그동안 아이에게 어떠한 일을 수행하도록 지시하거나 잔소리를 했다면, 이제는 자유를 허락해 주세요. 아이의 일은 아이의 것입니다. 아이가 해야 할 일에 부모가 언제 어디서 어떻게 해야 한다고 강요하지 마세요. 아이에게 잔소리보다 적절한 의사 결정을 할 자유를 부여하면 오히려 아이가 책임감을 갖고 계획해서 마칠 수 있습니다. 아이가 숙제를 하게 만들려면, 아이에게 몇 시에 숙제를 시작할 건지를 정하게 하고, 그 시간이 되면 아이에게 직접 시간을 확인하게 합니다. 아이 스스로 시간과 장소 등을 정하게 하고 지키게 하는 것은 책임감을 높여 주고 동기부여가 됩니다.

물론 이것은 아이의 연령과 발달에 따라 다릅니다. 네 살짜리 아이는 스스로 내일을 계획하고 장기 목표를 세울 만한 능력이 없습니다. 어린아이일 경우에는 아이와 시간을 함께 정하고 도와주는 것이 좋습니다. 잔소리하는 것보다는 장난감을 치우는 일 등을 함께하는 것이 좋습니다.

03. 대화를 할 때 해야 할 일과 했으면 하는 일에는 언어를 구분해서 사용해 주세요.

아이들은 저마다 다른 재능과 개성을 가졌습니다. 어떤 아이는 방이 어질러져 있어도 신경 쓰지 않고, 어떤 아이는 말을 안해도 스스로 깨끗하게 정리하며 생활합니다. 아이가 꼭 해야 하는 것이라면 최소한 지켜야 할 규칙을 설정한 다음 규칙에 따르는 방법을 결정하도록 아이에게 시간과 공간을 허락해 주세요.

8

아이가 아빠와
사이가 좋지 않아요

아이들 아빠가 목소리도 크고 조금 엄한 편입니다. 제일 중요하게 생각하는 것이 예의에요. 아이가 예의없이 굴었을 때는 아이들을 엄하게 가르칩니다. 그래서 그런지 어느 순간부터 아빠와 대화를 할 때 서먹해하고 속마음을 아빠에게 표현하지 않으려 합니다. 첫째 아들은 그래도 덜한 것 같은데, 막내딸이 아빠를 많이 어려워합니다. 지금도 아빠와 관계가 친밀하지 않은데 사춘기가 되면 더 멀어질까 걱정이 됩니다. 아이와 아빠의 친밀한 관계를 회복하고 싶은데 좋은 방법이 없을까요?

부모와 아이와의 관계는 아이의 애착 형성에 중요한 역할을 하는데요. 육아는 엄마의 몫이라고 생각하는 아빠들은 아이와 보내는 시간이 적은 경우가 많습니다. 하지만 아빠와 딸, 혹은 아빠와 아들과의 관계는 아이들이 성장하는 과정에서 심리 발달에 중요한 역할을 합니다. 심지어 아빠와의 관계에 어려움을 겪는 사람

은 성인이 되어서도 안전한 애착 형성에 어려움을 겪는다는 연구
도 많이 있습니다.

연구에 따르면 아버지와 친밀감을 느끼는 아이들은 유아기 때
는 다른 또래에 비해 인지능력이 더 높았습니다. 또 자라서도 좋
은 대학에 진학하고 직장에 잘 다니는 비율이 아버지와 유대가
없는 아이들에 비해 2배 높았습니다. 우울증 증상이 나타나는 비
율은 절반에 이르도록 낮았고요.

아이들이 사춘기가 될 때 아버지와의 관계가 자녀의 성별에 따
라 미치는 영향이 다르다는 연구도 있습니다. 부모와의 관계가
아들보다는 딸에게 더 영향을 주는 것으로 나타났습니다. 많은
아빠가 딸보다 아들과 함께 있는 것을 편하게 느낀다고 합니다.
특히 활동적이고 운동을 좋아하는 아빠의 경우에는 더욱 그렇고
요. 반면에 민감하고 감정적인 면을 가지고 있는 아빠는 딸과도
편안한 시간을 보낸다고 합니다.

아이와 기질이 잘 맞지 않거나 자신의 관심사가 전혀 다른 것
처럼 보이는 아이와 함께 시간을 보내는 건 어려운 일입니다. 하
지만 공통점이 없어 보이더라도 아빠와 친밀한 관계를 형성하는
것이 아이에게 좋은 영향을 주기 때문에 항상 노력해야 합니다.

딸에게는 아빠와의 관계가 훗날 딸에 자존감을 발전시키는데

중요한 요소입니다. 언어적 격려, 함께 시간을 보내는 것, 감정에 민감하게 반응하는 것, 아이의 생각을 듣는 것, 취미에 관심을 갖는 것 등 딸과의 친밀한 관계는 불안감을 줄이고 능력에 대한 자신감을 높이는 데 도움이 됩니다. 또 아빠의 모습이 아이에게 남성의 이미지를 긍정적으로 형성하는 데 큰 역할을 합니다.

아들의 경우에는 아빠의 지도 속에서 자란 아이가 공감 능력이 더 뛰어나고 진로에 대한 통제력도 커진다는 연구 결과가 있습니다. 아빠의 사랑과 지도는 아이가 학교생활을 더 잘할 수 있는 원동력이 됩니다.

아빠와의 관계를 힘들어하는 아이의 마음은

아이에게 아빠에 대한 특별한 심리적 문제가 있지 않더라도 애착 형성이 잘 되지 않아 힘들어할 수 있습니다. 아빠와 관계에 문제가 있는 여러 유형이 있습니다.

아이가 정서적으로 아빠의 돌봄을 받지 못하는 유형, 학대하거나 폭력적인 유형, 지나치게 응석을 다 받아주는 유형, 독하고 지배적인 아버지 유형, 자식에게 의지하며 살아가는 유형 등이 있습니다.

신체적, 정서적으로 돌봄을 받지 못했던 아이는 심리적으로 불편을 느끼기도 합니다. 학대나 폭력적인 아빠의 아래에서 자라는 아이는 두려움과 공포, 불안이 있을 것입니다. 아이가 아빠와 함께 시간을 보내는 것을 꺼린다면 아이의 마음에는 불편함, 두려움, 불안함이 있을 가능성이 큽니다. 또 지나치게 지배적인 아빠를 보면서 아이는 아빠가 공감하거나 이해하지 못할 것이라는 불신 때문에 관계 형성이 힘들 수 있습니다.

이렇게 해보세요

아이가 아빠를 어려워하면 아이와의 관계 회복을 위해 아빠의 적극적인 노력이 필요합니다.

01. 아이와 시간을 함께 보내야 합니다.

아이와 정기적으로 함께 보내는 시간을 만드세요. 아이를 학교에 데려다 주거나 잠자리에 들 때 책을 읽어주는 것과 같이 규칙적이어야 합니다. 또 최소한 한 달에 한번, 최소 1시간에서 2시간은 아빠와 아이가 단둘이 시간을 보내세요.

02. 서로가 아닌 문제에 초점을 맞추세요.

어색한 사이를 개선하기 위해 지난 잘못을 떠올릴 필요는 없습니다. 중요한 것은 앞으로 문제를 해결하려고 노력하는 것입니다. 아이를 비난하지 말고 소통에 집중하시길 바랍니다. 서로 다른 입장과 관점을 가지고 있다는 것을 알게 해주세요. 이렇게 하면 서로 공격하지 않고 문제 해결에 집중할 수 있습니다. 특히 절대로 인신공격은 하지 말아야 합니다. 아이에게 아무리 화가 나도 "네가 그러니까 ○○ 한 거야!", "누굴 닮아서 그렇게 버릇없고 막돼먹은 거니" 등의 언어는 문제를 해결하기보다는 오히려 관계 회복을 어렵게 만듭니다.

03. 관계 회복을 위해 천천히 노력하세요.

멀어진 관계를 회복하려고 할 때는 천천히 해야 한다는 것을 잊지 마세요. 아빠 입장에서는 조금 다정히 말하고 행동하면 멀어진 관계가 금세 회복되어 예전으로 돌아갈 수 있다고 생각할 수 있습니다. 하지만 처음부터 새로운 관계를 맺는다고 생각하는 것이 낫습니다. 현재 상황을 냉정히 파악하고 인내를 가져야 합니다.

아이와 가정마다 관계를 회복하는 속도가 다를 수 있음을 염두에 두세요. 억지로 관계를 맺으려고 하면 모두에게 부담감을 줄 수 있습니다. 너무 부담스럽지 않게 아이에게 먼저 아침 인사를 하거나 식사 후 디저트를 권하는 노력부터 시작하세요. 조금씩 다가가면서 두 사람에게 편한 속도로 관계를 재정립하세요. 앞으로 아이와 어떻게 관계를 맺을 경계를 설정하는 것이 중요합니다.

아직 준비되지 않은 아이에게 급하게 다가가면서 아이가 받아들이지 않는다고 책망할 수 없습니다. 단지 아이에게 아빠가 예전의 미흡했던 모습을 되돌아보고 건전한 관계를 만들기 위해 노력하고 있다는 것을 지속적으로 보여주고 천천히 마음이 열리도록 기다려보세요.

04. 같이 공유할 관심사를 만들어 보세요.

아이와 아빠 둘 다 흥미를 느낄 수 있는 공통된 관심사를 찾아보는 것도 좋습니다. 함께 보내는 시간을 늘리면서도 어색한 침묵이 흐르는 것을 막을 수 있습니다.

상대의 관심사를 찾는 데는 노력이 필요하지만, 이 공통의 관심사는 유대감을 형성하는 데 좋은 수단입니다. 만약 아이가 어리면, 공유할 수 있는 몇 가지 목록을 만들어 보세요. 스포츠와 좋아하는 팀을 만드는 것, 어떤 가수나 밴드를 좋아하여 의미를 부여하는 것도 유대감을 만드는 좋은 방법입니다.

그 외에도 하이킹, 낚시, 캠핑, 별을 함께 보는 것 등의 야외 활동도 아이와 함께 즐기기에 좋습니다. 만약 아이가 제빵이나 요리를 즐기면, 함께 맛을 실험하고 새로운 요리법을 만들거나 대회에 참가하는 것도 좋은 추억을 쌓을 수 있겠죠. 보드 게임은 재미가 있고, 의미 있는 대화를 나누기에도 좋은 수단입니다.

9
첫째랑 둘째가
자꾸 싸워서 머리가 아파요

둘째 아이가 어릴 적부터 샘이 좀 많았어요. 그래서 그런지 작은 일
에도 뭐든지 형보다 먼저 해야 직성이 풀렸죠. 둘째라 그런가 보다
했는데 커가면서 라이벌 의식이 더 심해져서 모든 일을 형보다 먼저
해야 하고, 더 좋은 것을 차지하려 한답니다. 그렇게 안 하면, 아이는
자지러지게 울거나 화를 내요. 동생한테 양보하라는 말을 자주 들어
서인지 첫째는 둘째를 싫다고 하고요. 두 아이의 관계를 어떻게 풀어
야 할까요?

형제간의 경쟁은 아이를 두 명 이상을 둔 부모라면 한 번쯤 걱
정해본 적 있을 겁니다. 같은 가정에서 자란 아이들 사이에서 계
속되는 갈등은 혈연관계인 형제자매, 의붓형제, 심지어 입양된
형제자매 사이에서도 일어날 수 있습니다.

언어적 또는 육체적인 싸움, 부모의 관심을 얻기 위해 끊임없
이 경쟁하는 것, 부러움 혹은 질투 등으로 나타나죠. 이는 부모에

게 스트레스를 주지만, 문제가 아니라 아이들의 정상적인 행동입니다. 부모가 심한 경쟁으로 충돌이 계속되는 것을 조절할 수 있도록 도와주면 아이들은 좋은 관계를 만드는 법을 배울 수 있게 됩니다.

형제자매 사이의 라이벌 관계

아이의 삶이 갑자기 바뀌었나요? 집을 이사했거나, 새 가족이 생기거나, 부모가 이혼을 하는 등 아이에게 스트레스가 되는 큰 사건이 있었나요? 아이는 좌절과 걱정을 가까운 목표물(자신의 동생 등)로 옮기거나 질투에 자극받을 수 있습니다.

예를 들어 아이가 그린 아름다운 그림을 엄마가 칭찬했고, 그를 본 형이 그것을 찢어버리겠다고 위협하고 있습니다. 왜 그럴까요? 이는 다른 형제의 칭찬에 질투를 느끼게 된 거죠. 아이들은 형제자매를 위한 관심을 얻는 긍정적인 방법을 모르기 때문에 대신 싸움을 선택했을 수 있습니다.

다른 이유는 개성입니다. 아이들은 형제자매와 자신을 분리하려는 경향이 있습니다. 이것은 누가 더 높은 타워를 짓고, 빠른 자동차를 경주하고, 과자를 많이 먹을 수 있는지를 보기 위한 경쟁을 불러일으킵니다. 부모에게 사소하게 보일지라도 아이들에게는 중요합니다.

또한 갈등 해결 기술이 부족하기 때문입니다. 이게 가장 큰 이유인데요. 아이들은 아직 어리기 때문에 갈등이 생겼을 시 어떻게 해결해야 하는지를 꾸준히 배워야 합니다. 자신의 감정을 다스리고, 상대에게 어떻게 대해야 하는지 알지 못해 경쟁을 계속하는 것입니다. 가족과 시간을 충분히 보내지 못하면 오히려 아이들의 갈등을 증가시킵니다.

이렇게 해보세요

01. 아이를 서로 비교하지 않도록 노력하세요.

아이들을 비교하거나 그들 사이의 경쟁을 부추기는 것을 피하세요. 예를 들어 "동생은 ○○를 잘했는데, 왜 너는 이래?"와 같은 말을 하지 마세요. 아이를 하나의 존재로 인정하고 존중해야 합니다. 비교하는 것과 같은 말투는 오히려 아이의 질투심을 높이고 불평등하게 대우받는다는 인식을 심어줄 수 있습니다. 아이들을 공평하게 대해주세요. 부모에게 공정함은 필수적이지만, 공정함이 항상 동등하다는 것을 의미하지는 않습니다. 보상과 처벌은 아이 개인의 필요에 맞게 조정되어야 합니다.

02. 아이들에게 경쟁보다는 협력할 수 있는 기회를 주세요.

협력과 타협의 기회를 만들어주세요. 예를 들어 아이들이 서로 경쟁하는 대신에 함께 장난감을 정리하는 시간을 설정합니다. 누가 많이 하나가 아닌 정해진 시간 안에 함께 무언가를 끝내는 것을 목표로 두세요. 부모는 아이들을 동등하게 대했다고 생각했을지라도 아이는 불평등하게 느낄 수 있습니다. 그래서 일을 나누기보다는 함께 협력하여 그 일을 끝내도록 해주세요.

03. 아이들에게 서로를 대하는 긍정적인 방법을 가르치세요.

아이들에게 갈등을 긍정적으로 다루는 방법을 알려주어야 합니다. 의견이 나뉠 때 갈등을 해결하는 방법을 배운 아이들은 문제가 생겼을 때도 싸움을 극복하는 훨씬 더 나은 기술을 사용합니다. 갈등이 고조되었을 때 내 말을 먼저 하겠다고 주장하는 대신 잠깐 상대의 의견을 듣거나 바로 반응하지 않는 것으로 싸움을 피할 수 있습니다. 화가 나서 싸우는 상황에서 상대를 무조건 무시하라는 것은 아닙니다. "난 지금 대화하기가 어려워. 진정할 시간이 필요해"라고 상대에게 말하고 서로의 감정을 진정시킬 수 있도록 말하는 방법을 알려주세요.

형제자매 사이는 어릴 때부터 분쟁을 다루는 방법을 배우고 사람의 차이를 이해하고 다른 사람과의 관계를 더 잘 관리하는 어른으로 성장하는 데 도움이 됩니다.

04. 아이와 함께하는 시간을 보내고, 다 함께하는 시간을 계획하세요.

가능한 경우 한 번에 한 명의 아이와 보내는 시간을 지정해서 갖도록 합니다. 이 일대일 시간은 아이에게 큰 의미가 있을 거예요. 그 시간에 형제나 자매가 좋아하는 일과 또 화나게 할 수 있는 일들을 묻고 서로의 감정을 존중해야 한다고 알려주세요. 잘 들어 주기만 하면 됩니다. 먼저 아이가 느끼는 감정과 아이의 형재자매 사이에서 일어나고 있는 일들을 충분히 듣고, 정기적으로 이야기하는 시간을 갖는다면, 아이는 놀랍게 변하게 될 것입니다.

또한 가족 시간을 계획해서 가져보세요. 가족 저녁 식사, 보드게임, 산책과 같이 가족이 함께하는 것이 유대감을 키우는 가장 좋은 방법입니다. 이러한 순간들은 아이들에게 서로 싸움을 걸 이유를 덜 만들고 더 좋은 시간을 보낼 수 있는 기회를 줍니다.

Chapter 2

아이가 친구랑 싸웠다고 너무 속상해하지 마세요

1
승부욕이 너무 강해
걱정이에요

시도 때도 없이 나타나는 아이의 과한 승부욕이 걱정입니다. 아이가 완벽주의적이고 꼼꼼한 편이에요. 남보다 돋보이는 것을 좋아해서 친구를 동반자라기보다 이기고 싶은 대상으로 여기는 것처럼 느낄 때가 종종 있어요. 제 생각에는 이 기질이 나중에 사회성과 연결될 것 같은데, 어떻게 하면 아이의 승부욕을 조절할 수 있을까요?

아이가 커가면서 친구를 사귀고, 무리가 자연스럽게 형성됩니다. 그 안에서 다른 아이와 경쟁심이 생기는 것은 아이의 발달상 자연스러운 현상입니다. 친구와 함께하고 남을 돕는 것을 좋아하는 기질을 타고난 아이가 있는 반면, 경쟁심이 강해 뭐든지 꼭 이겨야 직성에 풀리는 아이가 있습니다. 아이가 승부욕이 강한 기질을 타고난 것이 나쁜 일은 아닙니다.

두 아이가 열심히 달리기 경쟁을 합니다. 앞서가던 아이가 다른 아이에게 추월을 당하자 "나 안 해!" 하며 경쟁을 포기해 버립니다. 아이는 경쟁 때문에 상처받고, 달리기를 완주해야 하는 동기를 잃어버렸습니다.

하지만 아이들에게 적당한 승부욕은 동기부여가 되고 스스로 발전하는 결과로 이어질 수 있습니다. 그래서 부모는 아이가 어떻게 하면 동기부여를 하고, 건강한 경쟁을 하도록 도와줄 필요가 있습니다. 또한 지나치게 경쟁심이 강한 아이를 이해하는 것도 중요합니다.

승부욕이 강한 아이는

친구와 함께 즐거운 시간을 보내려고 보드게임을 시작했는데 아이가 이기기 위해 우기며 룰을 바꾸고 반칙을 한다고 가정해 봅시다. 이를 본 친구들은 억울함에 아이에게 불평을 하겠죠. 즐겁게 시작한 게임은 감정이 서로 상한 나머지 끝이 납니다. 이와 비슷하게 좋은 의도로 우리 아이가 친구와 무언가 시작했는데, 어느 순간 아이의 심한 승부욕 때문에 당황했던 경험이 있나요?

승부욕이 강한 아이는 친구와 함께 놀다가도 어떤 것에 대한 경쟁심이 들면 무조건 최고가 되려고 합니다. 자신과 타인을 몰아세우거나 심지어 다른 친구에게 허풍을 떨기도 합니다.

만약 아이가 유독 심한 승부욕을 갖고 있다면 몇 가지 징후가 있을 수 있습니다. 먼저 아이는 자신에 대해 부정적으로 생각하는 경향이 있습니다. "난 너무 뚱뚱해", "난 이런 게 어울리지 않아"와 같은 말을 습관적으로 하며, 자신의 실수를 크게 자책하며 작은 일에 좌절하고 후회하는 모습을 보입니다. 또한 틈만 나면 다른 사람에게 자기 자랑을 한다거나, 이기려고 남을 속이는 것이 나쁜 짓은 아니라고 생각합니다. 친구를 존중하지 않는 태도를 보이기도 하고, 모든 일에 이기려고 안간힘을 씁니다.

경쟁심이 심한 아이들은 이기지 못할 때 짜증을 내거나 말대꾸를 하거나 크게 토라집니다. 경쟁에서 지는 것을 참지 못하는 아이에게는 부모의 적절한 도움이 필요합니다.

보통 5~6살이 되면 아이에게 경쟁심이 자라납니다. 이 시기의 경쟁심은 친구와 자신을 비교하며 평가하는 능력과 직결되기 때문에 새로운 것을 해냈을 때 스스로를 아주 자랑스러워하고 승부욕이 생깁니다. 새로운 것을 터득하고 친구 앞에서 "나는 이렇게 할 수 있다. 너는 못하지?" 하고 다른 아이에게 자랑이 섞인 말투를 던지는 경우를 흔히 볼 수 있습니다. 심한 경우 자기가 더 잘한다는 것을 과시하기 위해서 다른 사람에게 상처를 주는 말을 하기도 합니다.

한번 생각해 볼 것이 있습니다. 요즘 부모들은 알게 모르게 좀 더 나은 학교, 방과 후 특별 활동에 선별되기 위해 경쟁하는 것이 당연하다고 생각합니다. 이런 메시지가 아이에게 전해져 아이가 주어진 일을 즐기기보다 더 잘하지 못할까 봐 걱정하고 경쟁하는 마음을 심어줍니다.

심리학 교수인 앤드류 마이어스 박사는 "경쟁이 본질적으로 좋거나 나쁜 것은 아닙니다. 하지만 그것은 긍정적이거나 부정적인 결과를 가져올 수 있습니다"라고 했습니다. 소수의 승자와 많은 패자를 낳는 경쟁은 양면성을 가지고 있기 때문에 아이가 의욕이 떨어지거나 실패의 상처가 남지 않게 조심해야 합니다.

이렇게 해보세요

승부욕이 과한 아이에게는 적당한 통제력을 가르쳐 올바르게 경쟁하게 할 수 있도록 도와주셔야 합니다.

01. 아이의 열정에 관심을 가져주세요.

아이들은 모두 특별한 재능이 있습니다. 이 재능으로 이기는 것 이상의 것을 할 수 있다는 사실을 강조하면서 아이의 동기를 이끌어주세요. 동기부여에는 여러 방법이 있습니다. 경쟁에서 이기는 외적 요인뿐 아니라 즐거움과 실력이 향상되는 내적인 요인도 있습니다. 지금까지 부모가 외적 요인으로만 아이에게 동기 부여를 하고 있었다면, 이는 아이에게 이기지 못하면 의미가 없다는 사고방식을 심어주고 있었을지 모릅니다.

아이의 내적 동기를 발달시키기 위해 노력하면, 아이가 힘든 상황에서 더 인내하고, 더 즐기고, 팀 구성원으로서 어떤 역할을 하는지에 대해 신경 쓰게 됩니다. "오늘 무엇이 가장 재미있었니?", "연습에서 무엇을 배웠어?" 같은 질문을 함으로써 경쟁보다는 내적 동기와 아이의 열정에 관심을 두시기 바랍니다.

예를 들어 친구와 같이 농구 게임을 한 후, 아이가 슛을 성공한 것과 함께 열심히 뛰어다니며 즐긴 것을 칭찬해 주세요. 또한 친구가 좋은 패스를 해주고 팀이 이룬 성과도 알려주세요. 아이의 강한 승부욕 뒤에는 그것을 통해 관심을 얻고 싶다는 마음이 있습니다. '내가 잘하면 엄마가 나를 더 좋아하겠지'라는 인정받고 싶은 욕구가 그 안에서 작용하고 있을지 몰라요. 아이에게 이기든 지든 상관없이 언제나 사랑스럽고 자랑스럽다고 말해 안심시켜주세요. 아이의 열정을 경쟁에서 이기는 것보다 학습, 노력, 재미로 연결할 수 있게 도와주셔야 합니다.

02. 좋은 리더십을 알려주세요.

승부욕이 강한 아이는 리더가 되고 싶은 욕구도 가지고 있습니다. 경쟁에는 감정 지능Emotional Intelligence과 사회 지능Social Intelligence이 필요하고 모두 관계를 발전시키는 것과 관련이 있습니다. 아이에게 최고의 자리는 남보다 뛰어나고 경쟁에 이기는 것보다 다른 사람들의 감정을 살피고 관계를 만들어 가는 것에 있다고 알려주시기 바랍니다.

아이에게 다른 사람을 가르치는 기회를 만들어 주세요. 자연스럽게 친구를 도우면서 칭찬을 받으면 이를 통해 아이는 성취감을 느낍니다. 과한 자랑이나 과한 승부욕이 다른 친구들의 감정을 어떻게 상하게 하는지 대화를 통해 알려주는 것도 좋은 방법입니다.

03. 아이의 장점을 보고 과정의 중요성을 알려주세요.

경쟁에서 성공은 승리만이 아닙니다. 진정한 승리는 아이가 열심히 노력해서 얻은 성적, 힘든 난관에 부딪혔을 때도 포기하지 않는 모습에서도 찾을 수 있습니다. 아이에게 결과보다 그 안에서 노력하는 과정이 얼마나 더 중요한지 알려주는 것이 중요합니다. 또한 졌을 때도 무조건적인 지지와 사랑을 보여주세요. "거의 다 했는데 아쉽다. 하지만 네가 열심히 하는 것을 엄마는 봤어. 정말 멋져"와 같이 과정에 초점을 두고 말해주세요.

과정을 중요시하는 대화로 이기는 것보다 노력하는 것이 더 중요하다는 것을 알려주어야 합니다. 이러한 대화는 아이가 자신이 졌을 때 결과를 받아들이는 데 도움이 됩니다. 실패는 성공의 일부라는 것을 기억하세요. 아이가 실패하도록 허용하는 것은 경쟁에서 가장 중요한 것입니다. 실패가 허용될 때, 아이는 실패로부터 배우고 나아갈 수 있습니다.

04. 긍정적으로 생각하도록 도와주세요.

우리는 경쟁을 통해 이기기도 하지만 지는 법도 배웁니다. 특히 승부욕이 강한 아이가 경쟁에서 졌을 경우에 부정적인 생각을 멀리하도록 부모가 도와줘야 합니다. 아이가 실수해 시합에서 졌다면, "나는 실수로부터 배운다", "졌지만 나는 내 감정을 통제하고 있어", "나는 결국 내가 정한 목표를 달성할 수 있어"와 같은 혼잣말을 하게 해주세요. 혼잣말은 머릿속에서 전해지는 내면의 목소리입니다. 자기 자신과의 대화는 마음을 안정시키고, 더 긍정적인 방향으로 이끌어줍니다.

"난 바보 같아, 이 시험에서 떨어지다니" 대신 "시험을 망친 것이 실망스럽지만 다음부터는 모르는 건 더 열심히 질문할 거야"라고 말하는 것은 분명 다릅니다. 긍정적인 혼잣말은 아이의 스트레스를 줄이고, 자존감을 높이며, 동기를 향상시킬 수 있습니다.

자신의 실수에 부정적인 관점을 가지고 있는 아이라면, 부모가 옆에서 이야기해 주는 것도 도움이 됩니다. 많은 아이들은 실패를 두려워합니다. 이는 결과를 중요하게 생각하는 부모의 관점이 반영된 것도 부인할 수 없습니다. 다른 사람들이 놀릴까 봐, 부모님을 실망시킬까 봐, 어떠한 이유든 아이들이 느끼는 실패에 대한 두려움은 다른 것을 시도하지 못하도록 막을 수 있습니다. 승패를 떠나 과정을 중요하게 생각하는 관점이야말로 아이에게 건강한 경쟁과 승리의 본질을 깨닫게 해줍니다.

아이가 경쟁해야 하는 상황이 다가오면 승부욕을 줄이고 과정에 집중할 수 있도록 아이와 잠시 시간을 가져주세요. 친구들과 협동심을 발휘해 무언가를 해야 하는 경우에는 아이가 바로 일에 뛰어드는 것이 아니라 잠시 심호흡을 하고 시작하게 합니다. 이기고 지는 결과보다 가려져 있는 목적과 과정의 중요성을 아이에게 상기시켜주세요.

2

아이가 이기적인 행동을 할 때는
어떻게 해야 할까요

6살인 아들을 키우고 있어요. 아이가 친구들과 놀 때 자기 위주로만 놀이를 주도하려고 합니다. 놀 때 보면 친구의 의견은 무시하는 경향이 있는 것 같습니다. 아이가 의도한듯 아닌 듯 다른 아이를 약간 따돌리는 것 같기도 하고요. 저번에는 아이가 친구와 같이 그림을 그리고 놀다가 친구에게 그림을 못 그렸다고 무시하듯 말하는 것을 듣고 깜짝 놀랐습니다. 하지만 평소에는 화도 잘 내지 않을 정도로 순해요. 아이를 나름 잘 키우고 있다고 생각했는데, 아이가 이런 모습을 보일 때마다 어떻게 해야 할지 모르겠습니다.

주변에서 "아이가 항상 동생의 손에서 물건을 빼앗습니다", "우리 아이는 모든 일을 자신 중심으로 설명합니다", "다른 사람이 마음에 안 들면 상처주는 말을 일부러 합니다. 왜 자신이 무례한 행동을 하는 것을 모를까요?"라는 질문을 종종 듣습니다. 부모는 한 번쯤 아이가 너무 이기적이고 자기밖에 모른다는 생각에 부모는 '혹시 내가 무언가 잘못하고 있는 건 아닌가' 걱정을 합니다. 그러면서도 아이가 자라면 저절로 공감 능력과 이해심이 생길 거라고 기대하기도 합니다. 사실 이타심은 정서 발달 과정상 성숙해지는 것이라 단기간에 발달하거나 완성되는 것이 아닙니다.

유아기 시절과 미취학 아이들은 선천적으로 자기중심적입니다. 발달의 관점에서 보면 자기중심적인 점은 아이가 자라면서 자신과 타인을 모두 생각할 수 있어 점차 나아집니다. 연구에 따르면 충동적인 행동을 통제하고 결정을 내리며 타인을 생각하는 능력은 만 6~13세 사이에 정착된다고 합니다.

타인을 생각하고 공감하는 능력은 전전두엽에서 담당합니다. 뇌에서 마지막으로 성숙하게 되는 부위로 아이들은 전전두엽 피질이 발달하면서 점차 타인을 생각하게 됩니다. 아직 전전두엽 피질이 발달하지 않은 취학 전 어린아이들은 당연히 자기중심적으로 사고를 할 수밖에 없습니다. 하지만 아이가 나이가 들어도 과한 자기중심적 행동을 한다면 문제가 될 수 있으니 아이의 행동을 미리 살피는 것이 필요합니다.

자기중심적인 아이를 살피는 일

과하게 자기중심적으로 행동하는 아이에게는 몇 가지 특성이 있습니다. 아이가 함께 나누고 베푸는 가치에 관심이 없고 이해하지 못합니다. 타인을 고려하지 않고 오직 자기 자신에게만 집중합니다. 때로는 다른 사람에게 안 좋은 일이 있거나 아플 때 안쓰러움을 느끼지 못합니다. 일상적으로 주어진 것에 대해 감사하지 않는 경향을 보이기도 합니다.

자기중심적인 행동은 아이의 기질 때문일 수도 있지만 부모의 양육 방식 때문일 수 있습니다. 기질은 아이가 태어날 때부터 가지고 있는 고유한 특성이기에 크게 바뀌지 않습니다. 하지만 부모의 양육 방식은 바꿀 수 있지요. 아이가 자기중심적인 행동을 할 때 '시간이 지나면 나아지겠지' 하고 내버려 두고 있다면 아이의 행동과 태도에 부정적으로 기여하는 것은 아닌지 고민해봐야 합니다.

이런 육아 방식을 가진 부모는 자녀에게 무조건적인 사랑으로 모든 필요와 욕구를 채워주려고 하거나, 아이에게 어떠한 제한도 두지 않으려는 경향이 있습니다. 아이를 훈육해야 하는 순간에도 단호하게 말하기보다 "다음에 그러지 마" 하는 식으로 넘어가는 것도 아이의 자기중심적 행동을 부추기는 결과를 가져올 수 있습니다.

또한 부모가 너무 일찍 아이에게 많은 것을 허락했기 때문일 수도 있습니다. 아이들이 자신에게 주어진 것이 당연하다는 생각을 갖게 되어 자기중심적인 모습으로 나타나기도 합니다. 예를 들어 스마트폰을 무분별하게 사용하도록 허락하거나 밤이 늦어도 게임을 계속하게 두는 등 아이가 원한다고 무조건 들어주는 것입니다. 이런 태도는 아이의 관계에도 지속적으로 악영향을 줍니다. 이들은 성인이 되어서도 상대와 대화를 나누고 소통하기보다는 일방적인 소통으로 주위를 힘들게 합니다. 또 주위 사람들을 배려하지 못하고 통제하려는 모습을 보이기도 하고요.

이렇게 해보세요

01. 허용 불가한 규칙을 정확하게 정해주세요.

아이에게 앞으로 용납되지 않는 행동에 대해 정확하게 알려주세요. 그리고 규칙으로 만들어 두세요. 아이가 상황에 따라 바뀌는 허용에 익숙해지면 규칙에 적응하기 힘들 수 있어 어떤 상황에서도 일관되고 단호해야 합니다.

예를 들어 어느 곳에서든 이기적으로 굴면 안 된다는 규칙을 세우는 것입니다. 이기적인 행동은 어떤 것이 있는지 설명해 주고, 실생활에서 아이가 이기적으로 행동할 때마다 주의를 주세요. 아이가 자신의 행동이 이기적인 행동이라는 것을 모를 수 있으니, 여러 상황을 예로 들어 하면 안 되는 행동을 알려주세요. "다른 친구의 장난감을 물어보지 않고 뺏으면 안 돼. 다음부터는 먼저 친구에게 허락을 받자" 혹은 "네가 다 먼저 하려는 것은 좋은 방법이 아니야"처럼 아이가 주의해야 하는 행동을 설명해주시기 바랍니다. 또 아이에게 이기심이 왜 잘못된 것인지 알려주고, 그 행동의 결과를 인식할 수 있도록 도와주세요.

02. 공감을 가르쳐주세요.

아이에게 공감의 중요성에 대해 알려줄 필요가 있습니다. 다른 사람의 감정을 감지하고, 공감을 통해 더 나은 관계로 발전된다는 것을 설명해 주세요.

타인의 입장이 돼보고 누군가의 고통을 느낄 수 있는 아이들은 관대하고 이기적인 행동을 하지 않을 가능성이 높습니다. 주변 사람들의 표정을 보고 감정을 파악하는 연습을 하는 것도 좋습니다. 어린아이일수록 표정을 보고 상대의 기분을 인지합니다. 그렇기 때문에 표정을 관찰하고 감정의 이름을 붙여 공감하도록 도와주세요.

이를 돕기 위해서 아이와 상황극을 하는 것도 좋습니다. 아이가 특정 상황에서 상대방이 어떤 마음일지 상상하는데 도움이 됩니다. 아이에게 "이런 상황에서 너는 어떤 감정을 느낄까?"라고 물어보세요. 아이의 생각을 묻는 질문은 아이가 공감능력을 쌓는 데 효과적입니다.

03. 이타심을 칭찬해 주세요.

이기심을 치료하는 가장 좋은 방법은 반대로 이타심을 칭찬하는 것입니다. 생각해보면 아이들도 사심 없이 행동할 때가 있습니다. 친구와 재밌게 놀다가 기분이 좋은 나머지 다른 친구에게 순서를 양보를 했다든지, 아이와 놀이동산을 놀러 갔는데 떼쓰지 않고 줄을 서는 모습 말입니다. 아이가 상대에게 관대한 행동을 하면 마음껏 아이를 칭찬해 주세요.

이때, 아이에게 그 행동이 왜 옳았고, 상대방을 얼마나 행복하게 했는지를 꼭 알려주세요. 그냥 지나치기 쉬운 작은 순간도 놓치지 않고 칭찬하면, 아이는 상대를 배려하는 행동을 자주 할 가능성이 높아집니다.

04. 아이에게 롤 모델이 되어 주세요.

아이에게 가치와 이념을 가르칠 때는 본보기를 보여주는 것이 효과적입니다. 아이 앞에서 다른 사람에게 너그러운 행동을 하는 모습을 보여주세요. 아이가 무의식적으로 부모의 행동을 보고 기억합니다. 아무렇지 않게 새치기를 하는 모습, 공평하지 않게 나누는 행동, 도움을 필요로 하는 사람을 모른 척하며 지나간 일 등 일상 속 부모의 모습에서 아이는 배우고 느끼고 있습니다.

부모의 먼저 행동으로 보여주고 어떻게 행동하는 게 좋은지 설명해주면 아이도 비슷한 상황을 만나면 부모를 따라 합니다. 아이가 어릴 때 기부, 봉사, 양보 등을 경험하게 해주고, 충동적인 욕구에 대한 생각 등을 통제하는 것에 집중합니다. 아이가 다른 사람을 돕고 배려하는 행동을 했을 때는 아낌없이 칭찬해 주세요. 자신의 입장에서만 생각하는 것이 아니라 타인을 배려하고 도우며 함께 살아가야 한다는 것을 알려주세요.

3

아이의 호기심 때문에
곤란할 때가 있어요

> 제 아들은 5살이고, 호기심이 아주 많은 아이입니다. 질문을 참을 수가 없는지 "왜?", "왜 그러는데?"를 달고 살아요. 게다가 주변의 모든 일에 참견하고, 경험하고 싶어 합니다. 호기심도 많고 궁금한 것도 많아 이것저것 도전해 보는 건 좋아요. 그런데 부모 입장에서는 아이가 호기심 때문에 위험한 일에 괜히 노출되지 않을까 걱정이 됩니다. 어떻게 해야 아이의 적당한 호기심을 유지하면서 안전하게 키울 수 있을까요?

아이들은 호기심을 가질 때 더 많이 배웁니다. 호기심을 키워 주는 것은 아이가 평생 학습자가 되도록 돕는 중요한 일이죠. 아이들은 무언가를 끊임없이 배우고, 세상이 어떻게 돌아가는지 알고자 하는 호기심을 가지고 태어납니다. 하버드대 교육학과 교수인 폴 해리스의 연구에 따르면 2세에서 5세까지 아이는 약 4만 개의 질문을 한다고 합니다.

호기심은 아이에게 사물을 탐험하고 발견하고 알아내려는 욕망입니다. 아이의 호기심은 내적 동기를 유발합니다. 호기심이 새로운 경험을 찾도록 동기를 부여하고 장기적으로 아이의 학교 생활을 성공적으로 이끌어준다는 연구결과도 있습니다.

호기심이 많은 아이 행동 속에는

저도 예전에 아이의 호기심 때문에 당황스러웠던 적이 있습니다. "엄마! 왜 이 아줌마는 배가 많이 나왔어?" 엘리베이터에서 만난 임신부를 아이가 큰 소리로 물어보며 배를 만졌습니다. 너무 당황하고 미안한 마음에 "죄송합니다, 죄송합니다" 거듭 인사하고 서둘러 아이를 데리고 엘리베이터에서 내렸습니다.

어린아이들은 어떠한 것을 에둘러서 질문하는 기술을 모릅니다. 아이가 질문을 할 때는 진정으로 알고 싶기 때문이지 누군가를 당황하게 하려는 것이 아닙니다. 아이가 사람들에게 몸무게, 돈 같은 민감한 주제에 대해 질문하더라도 당황해 아이를 혼내지 마세요. 호기심이 많고 아직 사회 규범에 대한 개념을 이해하지 못하기 때문이니까요.

아이들은 각각 다른 방식으로 호기심을 탐구합니다. 선생님과 부모에게 배우고, 다른 사람을 관찰하고, 책이나 미디어, 경험에서도 배웁니다. 하지만 아이가 나이에 맞지 않는 것을 보고 호기심을 갖는다면, 관심을 다른 곳으로 돌리게 하는 것이 좋습니다. 다만 3세 이후로는 대화로 안되는 이유를 설명해 주세요.

호기심은 아이의 정서적 안정감과 관계가 있습니다. 아이가 안전하다고 느끼는 대상이나 장소에서는 질문이 많아집니다. 만약 아이가 엄마에게 끊임없이 질문하고 주변을 탐색하고 있다면, 이는 아이가 엄마와 함께할 때 안정감을 느끼고 있다는 뜻이 되지요. 물론 아이의 질문에 대답하기 어려운 상황에 처할 수도 있습니다. 이 때는 아이의 질문에 "그만 물어봐!" 혹은 "너는 몰라도 돼"라고 부정적으로 반응하기보다 "엄마도 잘 모르겠네. 너의 생각은 어떠니? 나중에 같이 알아보자"고 하는 것만으로도 아이의 호기심을 유지하는데 도움이 됩니다.

이렇게 해보세요

01. 간단하고 정직하게 답해주세요.

어떤 호기심은 아이의 불안감에서 생기기도 합니다. 일반적으로 우리는 불확실성보다는 확실성을 선호하고 아이도 마찬가지입니다. 불안감을 해결하고자 계속 질문을 할 수 있습니다. 예를 들어 아이가 엄마와 소아과에 예방주사를 맞으러 갔습니다. 아이가 "엄마, 주사 맞으면 어떻게 돼요? 왜 맞아야 해요?"라고 물어볼 수 있습니다. 앞으로 벌어질 상황을 예상하고 심리적 불안 요소를 해소하고 싶으니까요.

　어린아이들은 커갈수록 자신이 살고 있는 세상을 궁금해하며 더 알고 싶어 합니다. 자연재해나 살인 사건과 같은 일을 뉴스에서 보고 질문할 수도 있고요. 동생이 생겼다면 아기가 어떻게 만들어지는지에 대한 질문을 하거나 반려동물의 죽음을 겪었다면 죽으면 어떤 일이 일어나는지에 대해 궁금해할 수 있습니다.

　아이들은 자신이 궁금한 것을 다른 사람에게 물어보기도 하지만 스스로 답을 만들어내기도 합니다. 만약 아이가 부모에게서 대답을 원한다면, 아이의 수준에 맞도록 간단하고 정직하게 반응하여 답해주는 게 좋습니다.

02. 열린 질문Open-End Question과 놀이로 아이의 호기심을 자극하세요.

　열린 질문은 정답이 없고, 네, 아니오로 답할 수 없습니다. 예를 들어 "어떻게 생각하는데?", "경험에서 무엇을 느꼈어?", "오늘 학교에서 무슨 일이 있었어?", "왜 그렇게 되었는데?" 등 이런 열린 질문은 아이가 더 상세한 반응을 할 수 있게 해줍니다.

　질문으로 아이의 삶에 관심을 보이고 아이가 자기의 삶을 돌아보게 해줍니다. 질문에서 끝나는 것이 아니라, 놀이에도 적용되면 좋습니다.

사용법이 정해진 장난감과 달리 상자나 물, 모래, 냄비, 등을 가지고 놀려면 아이의 상상력이 필요합니다. 어떻게 해야 하는지 방법을 알려주는 대신 아이의 호기심과 상상력으로 놀이를 하도록 격려해 주세요. 상자로 만들기 놀이를 하거나 냄비를 두드려 리듬을 만들어보는 방법으로요.

03. 호기심을 막지 말고 다른 방법으로 제시해 주세요.

아이가 호기심을 느끼는 순간에도 부모는 아이의 안전을 먼저 생각합니다. 예를 들어 아이가 화병에 있는 꽃다발을 만지려고 한다면, 엄마는 아이가 꽃병을 깨뜨릴까 봐 걱정되어 아이의 행동을 막을 것입니다. 그뿐 아니라 만지려는 아이를 혼내기 쉽습니다.

아이의 호기심은 혼날 일이 아닙니다. 그렇기 때문에 무조건 "안돼"에서 "이렇게 해보자"의 환경으로 바꿔 주시기 바랍니다. 꽃을 만지고 싶어 하면 꽃병을 플라스틱으로 바꿔주세요. 이것은 아이들에게 문제 해결 기술과 창의적인 방법을 떠올리는 법, 원하는 것을 얻을 수 있는 방법 등을 가르치는 좋은 기회가 될 것입니다.

4

친구를 지나치게
배려해요

우리 아이는 어릴 적부터 주위 사람을 배려하는 따뜻한 마음을 가졌어요. 학교에 들어가서도 주위 사람을 잘 챙겨 칭찬도 많이 받았습니다. 그런데 하루는 "엄마, 난 엄마가 말한 대로 친구에게 친절했는데, 그 친구가 너무 나쁘게 말하고 행동해요"라고 말했습니다. 상심한 아이는 밥도 먹는 둥 마는 둥 하고 친구와의 갈등에 힘들어합니다. 어떻게 하면 따뜻한 마음을 지키고 다른 사람으로부터 상처받지 않게 할 수 있을까요?

아이를 키우다 보면 "착하게 행동해"라는 말을 자주 하곤 합니다. 아이가 자라서 이기적인 사람이 될까 봐 사회규범을 가르칠 때 아무 생각 없이 입에서 나오는 말 일지도 모릅니다.

착하다는 것은 진정 무엇일까요? 사전에서는 '마음씨가 곱고 바르며 상냥하다'고 설명하고 있습니다. 부모는 아이에게 어떻게 행동하기를 바라고 있나요?

아이들은 '착하게 굴어'라는 메시지를 부모에게서 듣고, 순종적인 태도를 보이면 칭찬을 받습니다. 반대로 공격적이고 자기주장이 강한 성향의 아이에게는 종종 눈살을 찌푸립니다. 하지만 지속적으로 전해지는 착해야 한다는 메시지가 아이의 심리와 행동에 영향을 준다는 것을 알아주세요.

아이에게 절대 '남에게 친절하라'는 말을 해서는 안 된다는 뜻이 아닙니다. 친절하라는 메시지가 의미 없이 반복되는 것을 멈추라는 것이죠. 진정한 친절은 마음에서 진실하게 우러나오는 것이니까요.

타인을 지나치게 배려하는 아이 행동 속에는

늘 배려해야 한다는 메시지를 받고 자란 아이는 자신의 감정과 상관없이 남에게 친절하면 부모가 좋아하기 때문에 그 기대에 부응해야 한다고 느낍니다.

무의식적으로 그렇지 않으면 자신이 가족으로부터 배제되거나 미움을 받을 수 있다는 생각을 합니다. 아이는 점점 자신의 의견과 감정을 드러내지 않게 되죠. 이러한 스트레스는 아이에게 신체적 불편함을 느끼게 하거나 섭식 장애와 같은 것을 가져올 수도 있습니다.

아이에게 자신이 수용할 수 있는 범위를 명확히 해두고 친절을 베풀라고 가르쳐야 합니다. 그렇지 않으면 아이는 자신의 정체성과 씨름하게 됩니다. 그에 따른 압박감을 느끼고, 감정을 억누릅니다. 겉모습만 봐서는 더할 나위 없이 완벽한 모습인 아이가 마음이 속으로 곪아 병들어버리기 전에요.

이렇게 해보세요

01. 아이가 상대를 수용할 수 있는 경계를 정하고 누구도 그 선을 넘으면 안된다고 말해주세요.

아이와 정서적으로 깊게 대화를 하거나 그림을 그리며 경계를 적어보는 것도 좋은 방법입니다. 감정을 정확하게 식별하고, 이해하고, 반영하는 것을 배울 수 있어요. 아이에게 어떠한 행동을 할 때 드는 감정의 단어를 익히고 불편한 감정이 드는 건 언제인지 생각해보게 합니다.

분노, 슬픔, 기쁨과 같은 감정의 단어를 보다 깊고 풍부하게 찾아보세요. 큰 도화지를 반으로 나눠 내가 수용할 수 있는 감정, 상황과 그렇지 못한 것을 분리합니다. 그리고 상황을 예로 들며 어떤 감정이 느껴지는지 아이와 토론해 봅니다. 아이가 수용할 수 있는 것에 친구가 자신의 물건을 허락 없이 빌려 갔을 때를 적고, 수용하지 못하는 것에는 자신을 험담하는 것을 적을 수 있습니다. 아이마다 다르겠지요. 자신이 정한 경계를 상대가 넘었을 시에는 정확하게 "싫어"라고 말할 수 있도록 아이에게 연습시켜 주세요.

02. 친절과 배려는 마음에서 우러나와야 해요.

부모가 무분별하게 착해야 한다는 메시지를 주었다면 잠시 멈추고, 아이의 감정을 의도적으로 억누르지 않도록 하는 것이 중요합니다. 무의식적으로 부작용을 일으키지 않도록 말이죠. 지금 겉으로 보이는 모습은 아이의 감정적 상태와 같지 않을 수 있습니다.

아이가 느끼는 감정은 아이의 것입니다. 남을 배려하는 친절도 감정에서 우러나와야 하는 것이기에, 부모나 다른 사람을 위해 마음에서 나오지 않는 친절을 베풀 필요가 없다고 알려주세요. 모든 사람에게 착한 아이가 되기 위해 남에게 과하게 친절을 베풀지 않도록 말이죠.

저희 큰아이는 지나치게 배려하는 성향이 있어요. 큰아이는 어릴 때부터 컴퓨터와 같은 기계를 유독 좋아했어요. 어느날 학교에서 컴퓨터 시간이 되면 자기에게 주어진 과제를 마치고, 다른 친구들의 과제를 대신 하고 있었다는 것을 알게 되었습니다. 아이의 담임선생님이 "친구를 잘 도와주고 배려하는 아이에요. 하지만 과하게 친절합니다. 그것이 때로는 다른 친구의 배울 수 있는 기회를 빼앗을 때도 있어요. 친구가 도움이 필요하다고 하면 도와주라고 말해주세요"라는 조언을 들은 기억이 있습니다.

제 아이에게 어릴 적부터 "친구와 잘 지내야 해. 친구들에게 잘 대해 줘야 해" 하고 강조했습니다. 그것이 아이도 모르게 '다른 사람에게 친절하게 굴어야지. 지금은 잘하고 있어' 식의 메시지를 주었을지 모릅니다. 그렇기 때문에 진실한 배려는 상대가 원하는 상황일 때 도와주는 것도 중요합니다.

아이가 부모가 바라는 대로 잘 하려고 노력하는 아이가 되지 않게 해주세요. 자신의 감정을 억누르고 다른 사람의 기대에 충족하기 위해 너무 노력한다면 아이의 성장과 발달에 부정적인 영향을 미칠 수 있습니다. 이는 아이의 독립심에도 좋지 않으므로, 아이가 자신에 행동을 선택하고 책임지며 살아갈 수 있도록 아이의 의견을 존중해 주시기 바랍니다.

친구와 잘 어울리지 못한다는
이야기를 들었어요

저는 여섯 살인 딸을 키우고 있어요. 아이가 크면서 점점 예민해지는 것 같아서 고민입니다. 아이가 어릴 땐 새로운 것에 두려움이 없었고, 성격도 둥글둥글했습니다. 요즘은 본인이 하고 싶었던 말을 못 하고 꾹 참고 있다가 화가 나면 소리를 치거나 가시 돋친 말로 표현을 해요. 게다가 아이가 학기 초부터 등원 거부를 하고 있는데, 어떻게든 달래서 보내고 하원 후 아이에게 "오늘 뭐 하고 놀았어?"라고 물으면 안 놀았다고 이야기해요. 담임 선생님과 상담을 해보니 아이가 친구들 노는 모습을 지켜보는 걸 좋아하는 것 같다고 하시더라고요. 그럴 리가 없는데 싶어서 친구들과 있는 모습을 관찰해보니 초반에는 친구들과 잘 놀다가 어느 순간 또래들과 떨어져 혼자 놀고 있더라고요. 친구들이 노는 것을 지켜보는 게 좋은 게 아니라 '이렇게 해. 저렇게 해'라고 말하는 친구와 놀기 싫어서 그런 것 같아요. 아이를 도와줄 수 있는 방법이 있을까요?

"아이가 다른 친구들과 잘 어울리려고 하지 않아요"라는 말을 들으면 부모는 가슴이 철렁하죠. 친구들과 어울려 노는 것은 단순히 노는 데서 그치지 않고 중요한 사회적 기술을 배우는 시간이기 때문입니다. 서로 간의 상호작용을 통해 아이들은 다른 사람을 탐색하고, 자신의 생각을 표현하며, 싸우지 않고 장난감을 한 번씩 가지고 노는 등 사회 질서를 세우고, 상대에게 공감하는 법을 포함한 많은 사회적 행동의 기술을 배우게 됩니다.

아이들은 친구와의 우정을 통해 다른 사람과의 사회적 유대감을 발달시키고 세상과 관계 맺는 토대를 쌓습니다. 유아일 때는 가정에서 사회적 행동을 배웠다면, 취학 전후의 아이들은 친구 관계에서 사회성을 키웁니다. 그렇기 때문에 긍정적인 친구 관계는 아이들이 사회적·감정적 기술, 자신감, 공감, 긍정적인 자아 이미지 등을 발달시키는 것과 아주 밀접한 관계가 있습니다.

아동 발달 연구소의 윌라드 하트업 박사는 사회적 관계와 발달적 중요성을 연구했습니다. 그는 우정을 맺는 것이 7세 미만의 어린이에게 중요한 발달 목표의 하나라고 했지요. 유치원과 초등 저학년 시절에 형성된 우정은 아이에게 사회적, 인지적, 정서적 발달과 관련된 기술을 배우고 연습할 수 있는 중요한 기회를 제공합니다. 타인의 시선에 반응하는 방법, 대화의 규칙을 지키는 방법, 연령에 적합한 행동을 구사하는 것 등의 기술을 익히는 것이죠.

친구와 어울리지 못하는 아이

어떤 아이들은 기질적으로 다른 친구들과 어울리는 것을 좋아합니다. 하지만 어떤 아이들은 겉으로 보면 잘 지내는 것 같아도 자신이 원하는 것과 타인의 요구 사이의 균형을 맞추는 것을 힘들어합니다. 친구와 잘 지내는 것은 아이가 배워야 하는 것들 중에서 가장 복잡한 기술입니다. 사회성과 규율, 남을 배려하는 행동이 바탕이 되어야 하기 때문입니다. 이러한 것들을 배울 수 있는 환경이 아니었거나 남과 어울리는 것을 불편해하는 아이들은 타인과의 균형을 맞출 수 있을 때까지 많은 시간과 시행착오가 필요합니다.

특히 고집이 세거나 자존심이 강한 아이들은 시행착오를 경험하는 동안 스트레스를 받거나 불안감을 느낄 수 있습니다. 이 또래의 아이들은 아직 감정을 어떻게 다스리고 관리해야 하는지 모를 뿐더러 스트레스와 불안은 때론 아이가 잘못된 행동을 하게 만들 수 있습니다.

이렇게 해보세요

친구 관계를 어려워하는 아이들이 긍정적인 친구 관계를 맺고 유지하는 데는 부모의 도움이 필요합니다.

01. 부모가 친구와 함께 노는 날을 만들고 아이를 관찰해 보세요.

아이가 관계에 어려움을 겪고 있을 때 가장 먼저 해야 할 일은 사회적 상황을 면밀하게 관찰하는 것입니다. 아이가 친구와 함께 노는 동안의 소음이나 분주함 때문에 힘들어하는 것인지 아니면 친구와 노는 방법이나 사회적 기술을 몰라서 다툼이 생기는 것인지를 알아야 합니다. 아이의 행동 관찰지를 준비해 틈틈이 메모하면서 상황을 관찰하세요. 아이가 힘들어하는 놀이나 받아들이기 힘들어하는 상황, 친구에게 하는 행동을 면밀하게 적어봅니다. 그리고 아이의 반응과 그 행동의 이유를 예상해서 적어두면 문제를 해결하는 데 도움이 됩니다.

아이가 친구 관계를 힘들어하는 이유는 대부분 사회적 기술이 부족하기 때문입니다. 부족한 기술이 무엇인지를 파악해 보세요. 아이가 다른 사람의 감정을 알아차리는 기술이 부족하다면, 아이와 다른 사람의 감정을 파악하는 연습을 하면 아이에게 도움이 됩니다.

부모가 볼 수 있는 곳에서 친구와 놀면 부모는 아이의 문제 행동이나 사회적 기술의 부족한 면을 알 수 있게 됩니다. 보드게임, 공예품 만들기 등 함께 즐길 수 있는 활동을 추천합니다. 규칙이 정해진 놀이를 하며 아이의 행동을 유심히 보세요. 감정 표현이 불편해서 친구와 어울리는 것을 꺼리는 건지, 친구가 하는 행동의 원인과 결과가 이해가 안 되어 불편해하는 건지를 파악하세요.

놀다가 아이들 사이에서 갈등이 발생한다면, 아이가 스스로 해결할 수 있는 시간을 조금 주세요. 상황이 아이의 해결 능력을 넘어서는 경우에만 개입하시길 바랍니다. 만약 아이가 친구에게 무례하게 군 것을 미안해하지만 사과는 거절할 수도 있습니다. 이럴 때는 강요하지 말고 "미안하다고 말할 적절한 말을 찾기 힘들다는 것을 알아. 그런데 한번 해볼까?"라고 물어보고 고개를 끄덕이면 부모가 먼저 본보기가 되어 "기다리지 못해 미안해"라고 말하고 아이에게도 말할 수 있다는 용기를 주세요.

02. 강한 신뢰를 심어주세요.

긍정적인 친구 관계는 다른 사람을 신뢰하는 능력에서 시작됩니다. 아이는 부모의 보살핌으로부터 신뢰를 배우고요. 부모에게는 아이가 의지할 수 있는 신뢰의 견고한 기초를 만들어 줄 책임이 있습니다.

유아기에 신뢰에 대한 발달이 시작되는데 아이가 울 때나 음식 등을 필요로 할 때 채워줌으로써 신뢰하는 법을 배우게 됩니다. 안정된 가정환경이 다른 사람들에게 의지하고 신뢰하는 것을 편안하게 느끼도록 도와줍니다.

03. 매너의 중요성을 가르쳐 주세요.

부모가 아이에게 예절을 가르치면 아이가 친구를 사귀기 수월해집니다. 부모가 알려준 것을 따라 하며 아이는 더 나은 선택을 할 수 있으니까요. 예를 들어 아이가 다른 사람에게 상처를 주는 행동을 했다면 바로 혼을 내는 대신 비슷한 상황에서 더 나은 선택은 무엇인지 해결책을 아이와 함께 이야기하면 좋습니다.

아이가 자신의 행동이 자신과 다른 사람에게 얼마나 영향을 미치는지 이해할 수 있는 기회가 됩니다. 사회적이고 감정적인 기술을 배워야 하는 필요성도 일깨워 줍니다. 사회적 기술이 부족해서 다른 친구와 잘 어울리지 못한다면, 여러 명의 친구를 한번에 만나서 놀게 하는 것보다 한 명과 편하게 놀며 매너를 연습 해볼 수 있도록 해주세요.

04. 아이의 감정 코치가 되어 주세요.

우리는 부정적인 감정과 이기적인 충동을 경험합니다. 혹시 아이의 그러한 행동이 우정을 유지하는 것을 방해하지는 않나요? 아이는 자신의 감정을 조절하는 법을 배울 필요가 있습니다.

불쾌한 감정과 기분에 대처하는 방법을 아이와 이야기해보세요. 그 안에서 아이는 자기 통제 능력을 발달시킬 수 있습니다. 아이의 자기 통제 능력이 강할수록 나이가 들면서 원만한 친구 관계를 유지할 가능성이 더 높아집니다.

아이들은 친구 관계를 통해 신체적, 정서적, 인지적, 사회적으로 성장합니다. 부모가 애정으로 평생 의미 있는 우정을 만들어 갈 바탕을 마련해 주세요.

6

아이가 따돌림을
겪고 있어요

제 아이는 초등학교 1학년 남자아이인데 자주 어울리는 친구들 무리에서 따돌림을 당하고 있습니다. 혹시 몰라 몸을 살펴봐도 맞거나 하지는 않은 것 같아요. 아이는 제가 걱정하니까 "괜찮아, 크게 신경 안 써"라고 말하지만 우울해하는 것 같기도 하고, 요즘 들어 잘 웃지 않는 것 같아 너무 속상합니다. 아이의 마음도 너무 걱정되는데 따돌림 당하는 아이에게 도움이 될 수 있는 방법이 있을까요?

따돌림이란 정확하게 무엇일까요? 반복적이고 공격적인 행동으로 나타나는 경우가 많으며 다른 아이들을 통제하거나 해치기 위해 신체적 능력, 당혹스러운 정보, 인기 등을 활용하는 힘의 불균형입니다. 나쁜 소문 유포, 욕설, 신체적 공격 등이 모두 포함됩니다. 이것은 단순히 상대에게 한번 무례하거나 불친절하게 구는 것이 아닌 의도적으로 해를 끼치려는 목적을 가진 반복적인 권력 남용입니다.

따돌림이 발생한다면 아이와 전체 학급 혹은 그룹의 모두에게 사회·정서적 학습Social Emotional Learning을 통해 따돌림을 예방하고 줄일 수 있도록 도와줘야 합니다. 다른 사람을 괴롭히는 학생에게 사회·정서적 학습은 공격적이고 통제적인 행동을 줄이고, 상대를 존중하고 친절해지는 능력을 높일 수 있도록 도와줍니다. 또한 따돌림당하는 아이는 자신감과 자존감을 높일 수 있게 됩니다.

> **· 사회·정서적 학습법이란 무엇인가요?**
>
> 사회·정서적 학습은 아이가 자신의 감정을 이해하고 통제하기 위한 기술을 개발하고 적용하는 과정을 이야기합니다. 아이가 다른 사람과 공감하는 법을 배우고, 건강한 관계를 발전시키고 유지하며 긍정적인 목표를 설정하고, 올바른 결정을 내리는 법을 배우는 등 포괄적인 사회적 기술을 익힐 수 있습니다. 또한 자기 인식, 감정 관리, 자기 통제, 책임 있는 의사 결정, 관계 기술 등으로 아이가 학업에 집중하고 친구와의 생활을 잘 할 수 있게 도와주기도 합니다.

그러면 아이의 마음에 큰 상처를 남기는 따돌림을 어떻게 예방할 수 있을까요? 사회·정서적 학습법은 아이들에게 자신의 감정을 관리하고 타인과 공감하며 긍정적인 관계를 발전시킬 수 있도록 돕는 데 큰 영향을 줍니다. 최근 연구에 따르면 사회·정서적 학습법에 참여한 학생들은 학업 성취도가 11% 증가하고, 최대

24%가 사회적 행동이 개선됐으며 문제 행동도 22%나 줄었다는 결과가 있습니다.

따돌림 때문에 힘들어하는 아이에게

따돌림을 당하면 아이는 신체적, 사회적, 정서적, 학업적 등 많은 부분에 부정적인 영향을 받습니다. 친구를 사귀는 것이 어려워지고 자존감이 낮아집니다. 아이들이 계속해서 뚱보 등의 말로 상처를 줄 때, 따돌림을 받는 아이는 자신도 모르게 친구들의 말이 사실이라고 믿기 시작합니다. 아이는 화가 나고, 자신이 연약하게 느껴지고, 무력함과 좌절감, 외로움, 고립감을 느끼기도 합니다.

왕따의 피해자는 우울증, 외로움, 불안감을 경험합니다. 이는 심리적 문제뿐 아니라 학교생활과 직간접적으로 연결돼 있습니다. 학교 결석률, 학업 성취도 저하가 나타나고 자주 학교를 빠지거나, 자퇴할 가능성이 다른 아이에 비해 높습니다. 괴롭힘을 당한 아이들이 성인이 되면 자존감이 낮고 다른 사람과의 관계를 발전시키고 신뢰하는 데 어려움을 겪어 사회적 상호작용을 피하려 애씁니다.

이렇게 해보세요

부모로서 아이가 괴롭힘을 당하고 있다는 것을 알게 되면 마음에서는 폭풍이 몰아칩니다. 부모는 아이를 돕기 위해 뭔가를 해야 할 절박한 심정이 되지요. 하지만 따돌림은 조심스럽게 다뤄야 하는 문제입니다. 잘못된 행동을 취한다면 아이에게 아무 조치도 하지 않는 것만큼 나쁜 결과를 가져올 수 있습니다.

01. 우선 부모의 감정을 따로 분리하세요.

아이가 괴롭힘을 당하고 있다는 것을 알게 되면 화가 나거나 좌절하고, 심지어 패배감도 느껴집니다. 이것은 지극히 정상적인 감정입니다. 하지만 부모가 느끼는 이런 감정은 아이에게 도움이 되지 않습니다. 아이의 친구 문제를 다룰 때는 우선 부모가 감정에서 벗어나야 합니다. 그래야 현명한 판단을 할 수 있습니다.

02. 아이의 이야기를 자세하게 들어주세요.

아이에게 무슨 일이 있었는지 물어보세요. 누가 함께 했는지, 무슨 말을 했는지, 어떻게 반응했는지 알아보세요. 이때 질문하면서 상황을 판단하지 않도록 주의해야 합니다. 이야기를 듣는 이유는 필요한 정보를 얻어 전체 상황을 파악하려는 것뿐입니다. 힘들겠지만 아이의 이야기를 반복해서 들어볼 필요도 있습니다. 아이들은 자신의 입장에서 말하려는 경향이 있어서 재차 확인해 정확한 상황을 파악해야 합니다.

03. 무엇이 필요한지 물어보세요.

친구에게 괴롭힘을 당할 때 어떻게 하고 싶은지 아이의 의견을 듣습니다. 문제 해결의 가장 좋은 출발점은 무엇이 필요한지 물어보는 것입니다. 아이에게 부모가 직접 개입을 원하는지 아니면 상처 입은 마음을 다독거려주기를 원하는지를 물어보세요. 만약 따돌림이 더 심각해진다면 앞으로 어떻게 하면 좋을지, 부모가 어떻게 해주길 바라는지 아이와 대화를 충분히 나누길 바랍니다.

04. 아이와 함께 반응표를 만듭니다.

괴롭히지 말라고 말해야 할 때 사용할 수 있는 몇 가지 문구를 만들어주세요. 간단하고 직접적이지만 적대적인 말은 아니어야 합니다. "날 내버려 둬", "물러나", "그건 좋지 않아" 등 몇 가지 문구를 준비해 아이가 그 상황에서 말할 수 있도록 연습을 합니다. "나도 함께 놀고 싶어" 혹은 "나만 술래 하는 건 불공평해"라고 자신의 생각을 편안하게 말할 수 있도록 도와주세요.

그리고 아이와 '만약 이런 상황이라면' 상황극 연습을 하세요. 따돌림을 당하면 자신감이 많이 낮아집니다. 이럴 때 상황극은 자신감을 쌓고 도전할 수 있도록 힘을 주는 훌륭한 방법입니다.

아이가 문제 상황을 자신 있게 헤쳐나갈 때까지 상황극을 할 수 있도록 도와주시길 바랍니다. 특히 상황극을 할 때 강하고 단호한 목소리로 말하는 법을 가르쳐주세요.

05. 따돌림을 멈추도록 액션을 취하게 하세요.

따돌림을 주도하는 아이에게 따돌림을 당하면 어떤 느낌인지, 왜 그렇게 느끼는지, 그리고 자신이 원하는 것을 말하게 하세요.

침착하고 단호한 목소리로 전할 수 있도록 연습이 필요합니다. 예를 들어, 이름으로 놀림을 당하는 경우에 "나는 네가 나를 그렇게 부를 때 화가 나. 내 진짜 이름으로 불러줬으면 좋겠어"라고 말할 수 있게 합니다. 따돌림을 당하는 상황에서 울지 말아야 한다고 알려주세요.

대부분의 가해 아이들은 상대 아이의 기분을 상하게 하고 싶어합니다. 뚱보라고 부르며 괴롭히는 아이에게 눈을 똑바로 쳐다보며 침착하게 말하게 합니다. "나 운동을 해야겠어" 하고 의연하고 자신 있게 얘기하고 그 자리를 떠나도록 가르쳐 주세요. 이렇게 했는데도 문제가 해결되지 않는다면 선생님, 상담 선생님 혹은 가해자 부모 등과 함께 문제를 풀어나가야 합니다.

어린아이가 따돌림의 가해자를 상대하는 것은 쉽지 않습니다.

아이가 상처를 받거나 괴롭힘을 당할 때 현명한 선택을 하고 반응하는 행동 방법을 알려주시고, 필요하다면 부모가 직접 개입할 준비도 해야 합니다. 따돌림을 당한 적이 있는 아이들은 다른 사람과 잘 어울리지 못하거나 불안하고 자존감이 낮은 모습을 보일 수 있습니다. 아이가 따돌림을 잘 대응하고 극복할 수 있도록 가르치면 아이가 자라서 어려운 상황을 겪을 때에도 이겨낼 수 있을 것입니다.

06. 자기 인식 및 자기 관리 기술을 높이도록 도와주세요.

자기 인식은 자신의 생각, 감정, 가치를 이해할 수 있는 능력뿐만 아니라 그러한 요소들이 자신의 행동에 어떻게 영향을 미치는지 아는 능력입니다. 또한 자신감, 추진력 및 성장 욕구를 유지하면서 자신의 감정과 약점을 개방적이고 현실적으로 평가할 수 있는 능력이기도 합니다. 따돌림 당하는 아이가 최대한 부정적 영향을 받지 않고 자신의 진정한 가치와 능력 즉 자신감을 키울 수 있도록 도와줍니다.

아이가 따돌림을 당하고 있다면 긍정적인 인식을 키울 수 있는 나의 장점 목록을 작성해 보게 합니다. 만약 아이가 목록을 쓰는 데 머뭇거린다면 '나는 창의적이다', '나는 명랑하다' 등과 같은 것을 아이의 장점을 먼저 말해주세요.

아이와 같이 좋은 점을 생각하고 그 목록을 적게 한 후 "맞아. 네가 전에 ○○를 했을 때 참 용감했어" 혹은 "응, 엄마도 네가 잘 참고 견디는 끈기를 봤어" 같이 아이를 격려도 해주세요. 장점 목록은 자주 볼 수 있는 곳에 둡니다. 그래야 아이가 자신에게서 보는 긍정적인 면을 강화할 수 있습니다.

친구를 따돌리는 아이의 행동

내 아이가 친구를 괴롭힌다는 이야기도 부모로서는 믿기 힘듭니다. '이 아이가 그럴 리가 없는데' 하는 생각이 먼저 들고요. 친구를 따돌리는 아이에게도 부모의 관심과 도움이 필요합니다.

이렇게 해보세요

01. 사회적 인식 및 공감을 가르쳐주세요.

아이가 다른 아이를 괴롭히거나 따돌린다는 이야기를 들으면 아이에게 공감하는 방법을 가르쳐주세요. 공감은 괴롭힘 예방에 효과가 있는 사회·정서적 학습법의 주요 구성 요소 중 하나입니다. 공감력이 좋아지면 언어적, 육체적 공격적 행동을 크게 감소시킬 수 있습니다. 다른 사람들의 감정을 파악하고 이해하는 법을 배워야 합니다. 이때 함께 어울리는 무리의 아이들 모두에게 공감을 가르치는 것이 중요합니다.

아이에게 다른 사람의 입장이 돼 보는 시간을 만들어주세요. 함께 노는 아이들에게 상황 놀이를 해보게 하면 효과적입니다.

'만약 누군가 괴롭힘을 당하는 걸 보면? 만약 그들이 스스로를 괴롭히고 있다면? 만약 그들이 누군가를 괴롭혔다면?' 이 상황에서 어떤 마음이 드는지 묘사하고 감정에 이름을 붙이도록 합니다. 그러면서 따돌림 당하는 아이는 분노, 좌절, 두려움과 같은 강한 감정을 느낄 수 있다고 설명해 주세요. 의도적으로 누군가를 다치게 하는 것은 결코 옳지 않다는 것도 알려주세요. 가해자와 피해자뿐 아니라 아이들이 다른 사람들의 관점, 신념, 필요, 욕구, 감정을 이해하고 존중하는 데 도움을 줄 수 있습니다.

02. 관계 형성 기술을 연습해 보세요.

대화, 주장, 갈등 및 문제 해결에 도움이 되는 기술입니다. 다른 사람과 강하고 지속적인 관계를 갖는 것은 아이들의 행복에 중요한 영향을 미칩니다. 또래 친구들과의 우정이 잘 형성되어 있을수록 따돌림의 피해자가 생길 가능성은 낮습니다. 친구와의 우정이 결여된 모임에서는 아이들이 자신감이나 대인 관계 기술이 부족하기 때문에 관심을 갖고 관계 형성 기술을 알려줘야 합니다. 특히 어린아이들의 경우는 서로 다른 주장을 하는 갈등 상황에서 따돌림의 피해자가 생기기 쉽습니다.

친구들과 다른 주장을 할 때 갈등과 문제를 해결하는 방법을 연습을 통해 알려줘 실생활에 적용하도록 도와주세요. 여러 가지의 문제 해결 방법 카드를 만듭니다. 예를 들어 '우선 침착한다', '가위바위보를 한다', '다른 어른에게 도움을 구한다', '윈-윈 해결 방법을 생각해 본다', '내가 짜증 나는 부분을 참아본다', '상대의 입장을 생각해 본다', '다른 일을 해서 피한다', '아니라고 이야기 한다', '차례를 기다린다' 등의 여러 해결 방법을 담은 카드를 만드는 것이죠.

그리고 상황을 설정한 후 아이에게 문제를 해결할 방법이 적힌 카드를 고르게 합니다. 왜 그 카드를 골랐는지, 더 좋은 방법이 무엇인지를 함께 이야기하면서 갈등이 생겼을 때 해결 방법을 알려주시면 됩니다.

03. 더 나은 선택을 통한 의사 결정방법을 알려주세요.

따돌리는 아이는 친구들과 상호작용 하며 결정을 내리는 방법을 알지 못합니다. 따돌림을 당하는 아이 역시 문제 해결 능력이 부족해 잘 어울리지 못하는 것일 수 있습니다.

그래서 화가 나거나 관심이 필요하다고 느낄 때 폭력으로 갈등을 해결하는 대신 의사소통을 도와 따돌림을 예방할 수 있습니다. 아이와 문제 해결과 의사결정을 위한 문제 해결 체크 리스트를 보며 생각하고 이야기하는 시간을 가져보세요.

문제 해결 체크 리스트

1. 문제를 식별하라

2. 상황을 분석하라

3. 해결책을 구상하고 문제를 해결하라

4. 책임을 고려하라

5. 스스로 선택에 대해 반영해 보라

이 가이드라인은 갈등 속에서 복잡한 결정을 내리는 데 도움이 됩니다. 아이가 친구와 놀다가 서로 다른 주장으로 갈등이 생겨 울다 자리를 나왔다면 갈등의 원인을 상기시켜 주세요. 그리고 아이에게 무슨 일이 있었는지 자세히 들어본 후에 앞에서와 같은 문제 해결 체크 리스트를 통해 어떻게 해결하면 좋을지 이야기합니다.

따돌림 예방은 우리가 함께 이뤄야 하는 숙제입니다. 체크 리스트를 만들고 아이와 깊은 대화를 나눈다고 해서 문제가 빠르게 해결되는 것은 아닙니다. 그러나 가정과 학급에서 지속적으로 관심을 가지면 아이들이 타인의 입장을 생각하고 함께하려는 마음을 갖게 될 것입니다.

7

하나부터 열까지 자기 뜻대로 해야
직성이 풀리나 봐요

> 7살 딸을 둔 엄마입니다. 아이가 같이 노는 무리가 있는데, 저희 아이
> 가 거의 대장처럼 행동하는 것 같습니다. 선생님께서 한번은 아이가
> 친구들에게 '너 저기 가서 뭐 가져와'라는 식으로 명령을 하는 모습
> 을 보셨다고 해요. 또 무리에 끼고 싶어 하는 아이가 있으면 철저하게
> 배제하면서 다른 친구들에게도 그 아이와 놀지 말라고 한다고 합니
> 다. 이 아이를 어떻게 가르쳐야 할까요?

아이가 지나치게 주위 사람을 통제하려는 모습을 보인다면 먼
저 아이의 행동을 관찰해볼 필요가 있습니다. 일반적으로 지나친
통제를 하는 아이들은 다음과 같은 행동을 합니다.

· 종종 아이의 행동이 강인한 의지로 묘사되고, 지배적인 성격을 지닌다.
· 많은 일에 대부분 "싫어" 혹은 "아니"라고 한다.
· 자신이 원하는 대로 일이 진행되길 주장한다. 그게 안 될 시 공격적인 모습을

보인다.

- 부모가 준비한 음식을 때로는 거부한다.
- 특정 컵의 음료를 거부하거나 특정 색상의 접시를 사용하지 못하게 한다.
- 다른 아이들에게 명령이나 지시를 하며 논다.
- 무엇을 해야 한다는 말을 듣는 것을 거부한다.
- 지시 사항을 듣고 선택의 여지가 없다고 느끼면 괴로워한다.

물론 이런 행동을 보인다고 무조건 지나치게 통제하려고 한다고 생각할 수는 없습니다. 아이의 자아 발달 과정 중에 나타나는 자연스러운 행동일 수도 있고, 아이의 기질이 특별히 자기주장이 아주 강한 것일 수도 있기 때문이죠.

하지만 지나친 통제욕을 가진 아이는 공동체 생활에 적응하기 어려워할 수 있으며, 종종 부모까지도 통제하려는 모습을 보여 훈육할 때도 어려움이 있을 수 있습니다.

주위 사람을 지나치게 통제하는 아이를 위해

아이가 주위를 통제하려는 행동을 왜 할까요? 내면의 불안감이나 자신감 부족이 반대의 행동 나타나는 경우가 많습니다. 자신의 내면을 통제할 수 없는 것에 무력함을 느껴 주위를 통제하는 것으로 자신의 능력을 증명하려고 하는 것이죠.

지나친 통제력을 가진 아이를 혼도 내고 달래도 보면서 가르치면 나아질까요? 아이에게 옳고 그름을 열심히 가르쳐도 아이의 지나친 주위 통제력이 개선되지 않고 기본 생활 패턴이 되기도 합니다. 아이가 나이 들수록 학교와 가정에서 자신의 통제력 부족에 무력감을 느끼거나 반대로 자신의 통제력을 따라주지 않는 대상에게 공격적인 행동을 할 수 있습니다. 통제할 수 없는 상황을 아이가 받아들일 수 있도록 부모가 도와줘야 합니다.

이렇게 해보세요

01. 우선 아이와의 힘겨루기에서 벗어나세요.

만약 아이가 가정에서 부모를 통제하려는 모습을 보이면 대화나 훈육이 원활히 이뤄지지 않고 힘겨루기 상태로 변하기 쉽습니다. 여기서 부모와 힘겨루기 싸움은 아이는 거부하고 부모는 아이에게 '지금 당장 하라'고 계속 주장하는 것입니다. 이 힘겨루기가 길어질수록, 아이가 부모에게 순응하는 것은 더욱 어려워집니다. 지배권을 갖기 위해 싸우고 있으니까요. 종종 부모는 아이와 힘겨루기를 하다가 지면 훈육이 제대로 되지 못할까 두려워 합니다. 하지만 서로 지배하려는 싸움은 그저 의미없는 힘겨루기만으로 끝날 수 있습니다.

힘겨루기를 하지 않고 통제력을 되찾는 방법이 있습니다. 떼
쓰는 아이에게 부모가 원하는 것을 정확히 말하고 아이의 시선
이 닿지 않는 곳으로 가세요. 아이에게 방을 치우라고 부탁을 했
지만 아이는 부모의 지시를 듣고도 하지 않거나 싫다고 하거나
못 들었다고 할 수 있습니다. 그러면 아이에게 다시 정확히 말하
고 다른 곳으로 자리를 옮기세요. 방 청소가 마무리되지 않은 상
태에서 아이가 무언가를 부탁하면 아이에게 단호한 목소리로 "아
니. 방이 깨끗해질 때까지 엄마는 기다릴 거야"라고 말해주세요.
아이의 부정적 행동에 벌을 주거나 강압적으로 통제하는 것보다
는 자신의 행동으로 인해 생기는 결과를 볼 수 있게 해주는 것이
좋습니다.

02. 명확한 한계와 규칙을 설정합니다.

아이에게 단호하지만 따뜻하고, 분명한 규칙을 설정해 알려주
세요. 아이와 함께 규칙을 정하면 더욱 좋겠지요? 아이는 자신의
행동의 결과를 통해서 배웁니다. 이때 가장 중요한 것은 일관성
입니다. 부모에게 일관성이 있어야 자녀를 원하는 방향으로 이
끌 수 있습니다. 정해놓은 규칙을 아이 스스로 따를 수 있도록
도와주세요.

또 친구와 같이 놀 때나 학교나 유치원에서 지켜야 하는 규칙을 만들 수 있습니다. 친구들과 좋은 관계 유지를 위해 어떻게 해야 하는지를 아이와 상의해서 정하면 더욱 좋습니다. 대신 아이에게 훈육하듯이 "친구들과 서로 잘 지내야지!", "친구랑 놀 때는 같이 잘 놀라고 했지!"와 같이 애매모호한 규칙은 아이가 명확하게 이해하기 어렵습니다.

아이가 노는 모습을 관찰하고 명확한 규칙을 설정해 주는 것이 아이의 이해를 도울 수 있습니다. 친구와 놀 때 자꾸 지시하듯 말을 해 문제가 생긴다면, 아이와 역할 놀이 상황을 가정하고 규칙을 정해봅니다. "친한 친구와 소꿉장난을 할 때는 친구랑 상의해서 역할을 정하면 친구가 더 재미있어할 거야"라고 설명하며 규칙을 종이에 적어보세요. 그 후 친구와 놀기 전에 다시 한번 역할 놀이를 할 때는 '친구와 상의해서 역할을 정하는 것'이라고 아이에게 알려줍니다.

03. 올바른 방법으로 상대에게 물어보는 법을 가르치세요.

지나치게 통제하려는 기질의 아이는 대개 자신이 원하는 대로 상황을 만들려고 합니다. 친구들과 놀 때도 모든 일을 통제하고 지시하는 경우가 많습니다. 아이의 진심과 다르게 친구에게 부정적 느낌을 줄 수 있습니다.

상대에게 지시나 명령보다 물어보는 법을 아이에게 가르쳐 주세요. 상대를 배려하는 행동은 그 사람을 존중하는 마음에서 나옵니다. "저 그릇에 물을 채워와" 대신 "저 그릇에 물을 채워서 가져와 줄 수 있어?"라고 말하도록 도와주세요.

이때 아이에게 말로만 가르치기보다는 올바른 행동의 본이 되어 주시면 좋습니다. 부모의 모습에서 아이는 배우고 더 잘 실천할 수 있게 됩니다. 아이에게 "밥먹고 치워"라고 말하는 대신 "밥 다 먹으면 그릇을 설거지통에 넣어줄래?"라고 해주세요. 생활 속에서 자연스럽게 익힐 수 있도록 도와주세요.

더 나아가서 여기서 두 가지 말을 비교해 들었을 때 어떤 느낌이 드는지, 어떤 말이 더 기분 좋게 하는지 느낌을 아이와 이야기한다면 더욱 효과적입니다. 아이가 상대방에게 공손하게 대했다면 칭찬을 해주세요. 아이가 적절한 방식으로 행동했다면 그 순간을 알아차리고 진심으로 칭찬해주셔야 합니다. 자신의 행동이 긍정적인 관심을 받게 되면 앞으로도 아이는 그런 행동을 계속하려고 할 것입니다.

Chapter 3

원만한
관계를 위한
사회성 키우기

1

하루에도 손을
수십 번 씻어요

아이가 손을 하루에도 수십 번을 씻는 것 같습니다. 처음에는 손을 씻는 건 좋은 것이니까 칭찬했는데, 지금은 손으로 뭘 만지기만 해도 더럽다고 하며 씻으려고 합니다. 더 나아가서는 자신의 물건이 아닌 것은 잘 만지려 하지 않고, 유치원에서도 자신의 의자가 아닌 곳은 앉으려 하지 않습니다. 왜 그러냐고 물어보면 너무 더럽다고 말합니다. 뭐가 묻은 것도 아닌데 자주 더럽다고 하니 걱정이 됩니다. 손을 많이 씻는 것도 문제일까요?

아이가 손을 계속해서 씻는 행동은 아이가 두려움 때문에 그걸 강박적인 의식으로 해소하려 하는 모습을 보이는 것입니다. 이는 강박 장애로 불안감을 가진 아이는 원하지 않는 강박관념을 가지고 힘들어할 수 있습니다.

강박으로 힘든 아이 행동 속에는

아이들은 시험 보는 날 아침에 이것을 하면 좋은 결과가 나온다고 말하거나 혹은 팀 경기 전에 무엇을 했더니 이겼다며 이기기 위한 의식을 만들기도 합니다. 아이가 자라면서 생기는 강박관념은 불안을 다루는 법을 배워가며 점차 나아집니다. 하지만 아이가 강박장애를 가지고 있다면, 오히려 강박적인 생각과 의식이 매우 빈번해지고 강해질 수 있습니다. 손을 안 씻으면 병이 걸릴 것 같은 불안감, 내 의자가 아닌 다른 의자에 앉으면 내가 더러워질 것 같은 불안감이 아이의 정서에 영향을 미쳐 정상적 일상생활을 방해합니다.

그 이유는 무엇일까요? 강박 장애의 원인은 정확히 알려지지 않았습니다. 한 연구에 따르면 강박 장애를 겪는 사람은 뇌질환으로 뇌에 정서적 안정을 주는 신경전달 물질인 세로토닌을 충분하게 가지고 있지 않다고 합니다. 유전적인 것일 수 있지만 가족력 없는 사람에게도 발생할 수 있습니다.

그렇다면 증상으로 어떤 행동이 나타날까요? 아이마다 다르지만 일반적으로 먼지나 세균에 대한 지나친 집착, 문이 잠겼는지 등 거듭되는 확인, 자신이나 타인을 해치는 것에 대한 생각, 물건을 만지고 숫자를 세는 것, 순서를 생각하는 데 시간이 걸림, 질서나 대칭, 정확성에 대한 집착, 불쾌한 성적 행위에 지속적인 생각, 사소한 것을 기억하려는 큰 욕구, 세부적인 것에 너무 많은 주위를 기울이는 행동, 나쁜 일이 생길까 봐 너무 걱정하는 것 또한 강박 장애의 증상입니다.

이렇게 해보세요

강박 장애의 치료는 증상의 심각성과 나이, 건강 상태에 따라 다릅니다. 심한 경우는 전문가와 상의하고 치료를 받아야 하지만, 어린아이의 경우에는 집에서 도움을 줄 수도 있습니다.

01. 인지 및 행동 방법을 알려줍니다.

강박 장애를 앓고 있는 많은 아이들은 불확실성을 참을 수 없어 합니다. 아이는 부모에게 즉각적으로 대답해 줄 것을 요구하죠. 불안한 나머지 부모에게 "이걸 그냥 먹어도 배가 안 아플까요?", "별일 없을까?", "더럽지 않을까?" 등을 묻는 것은 흔한 일입니다. 부모가 아이의 질문에 아무리 대답을 해도 아이는 결코 만족하지 못합니다. 그래서 아이가 두려워하는 것을 찾아 이해시켜야 합니다. 그리고 그 두려움을 줄일 수 있는 방법을 가르쳐 주세요.

제가 가르쳤던 한 아이는 자신의 의자를 소독용 물티슈로 닦아야만 앉았습니다. 그러지 않고 그냥 앉으면 자신이 아플 수도 있다는 두려움을 가지고 있었습니다. 닦지 않은 의자를 만지지 않으려 하는 것은 물론 다른 의자는 앉으려 하지도 않았습니다. 아이가 강박적으로 그 행동을 하고, 원하는 대로 안 될 때 심한 불안을 느낀 이유는 실제로 물건이 더러워서가 아닌 오염에 대한 강박증 때문이었습니다.

강박을 느끼는 어린아이에게 무서운 생각은 단지 생각일 뿐이며 실제로 위험하지 않다고 가르치는 것이 핵심입니다. 플레이도우나 슬라임같이 시각적인 것을 사용해 설명하면 도움이 됩니다. 아이에게 손에 플레이 도우를 붙인 후, 두려움이 '끈적한 생각'과 같다고 설명해 주세요. 이런 생각은 좋지도 나쁘지도 않고, 우리가 원하지 않을 때에도 계속 붙어있는 거라고 알려주세요. 이때 부모의 역할은 아이가 두려워하는 것을 벗어나도록 도와주는 것입니다. 아이와 사용한 플레이 도우나 슬라임을 떼어내면서 무서운 생각을 버리게 도와주세요.

02. 제한을 설정해 주세요.
적절한 중재가 없다면, 강박적인 행동은 지속됩니다. 그렇다고 아이에게 무조건 못하게 하는 것은 오히려 역효과를 불러일으킵니다. 아이가 받아들일 수 있는 수준에서 조금씩 제한하는 것을 권합니다.

강박적으로 손을 씻는 아이에게 하루에 최대 손 씻는 횟수를 설정하는 것입니다. 아이가 괴로워하는 것을 보는 것은 어렵지만 제한을 두지 않으면 강박 장애를 극복하기 어렵습니다. 한계를 설정해두면 아이가 폭발하거나 화를 낼 가능성이 높습니다. 그 시간이 지나면 아이는 점차 익숙해지고 불안을 덜 느끼게 될 것입니다.

준비물을 강박적으로 점검하는 아이에게는 시간을 정해두고 정해진 시간에만 확인하도록 제한하는 것도 좋은 방법입니다. 한계를 명확하게 전달하고 지킬 수 있도록 도와주세요.

03. 아이의 강박관념을 수용하거나 도와주지 마세요.

부모가 아이의 강박관념에 참여하거나 행동을 지속하도록 부추기지 마세요. 부모가 생각했을 때 아이에게 필요한 행동이라서 그런 것이 아니라 아이를 화나게 하지 않고 싶지 않아서 그럴 뿐입니다. 예를 들어 강박관념이 있는 아이의 그릇만 따로 설거지하는 것, 아이가 앉기 전에 의자를 닦는 것, 지나치게 안심시키는 것 등이 있습니다. 아이에게 맞춰주는 일은 결국 아이의 강박 장애를 더 활성화하게 됩니다. 부모가 먼저 수용하는 것을 거부해야만 아이가 이겨낼 수 있습니다.

04. 아이의 노력을 칭찬하고 보상해 주세요.

아이는 노력을 칭찬받을 필요가 있습니다. 칭찬은 아이에게 노력할 이유가 되어줍니다. "엄마는 네가 노력하는 모습이 매우 자랑스러워. 네가 극복하느라 정말 고생했구나" 하고 아이의 마음을 알아주며 칭찬해 주세요. 하지만 지나친 칭찬은 안심으로 변하기 쉬우므로 여러 번 반복하지 않도록 주의해야 합니다.

2

낯가림이
너무 심해요

5살 남자아이를 키우고 있습니다. 낯을 가리지 않는 아이였는데 언제부턴가 어른을 만나면 인사도 안 하고 없는 사람인 듯 행동해서 난감할 때가 있어요. 누가 질문을 해도 못 들은 것처럼 얼굴을 쳐다보지도 않고, 대답도 하지 않습니다. 심할 때는 아예 상대를 무시해버려요. 아이에게 왜 그러냐고 물으면 '부끄러워서'라고 하는데, 꼭 그런 것만은 아닌 것 같아 보여 걱정입니다. 단순히 성장과정에서 생길 수 있는 일인지, 부모로서 어떻게 도와주면 좋을지 알고 싶습니다.

부모가 신경을 많이 쓰는 교육 중 하나가 예절 교육이죠. 대부분의 아이들은 만 1~2세가 지나면 낯을 가리는 것에서 벗어나지만, 기질에 따라 차이는 있습니다. 만약 아이가 수줍음을 타는 편이라 새로운 환경이나 사람을 꺼린다면 성장하면서 조금씩 나아집니다. 시간을 갖고 천천히 적응하도록 기다리면 됩니다. 유아부터 초등학생까지도 낯선 사람을 만났을 때 심리적으로 불안한 행동을 보이는 것은 흔한 일입니다. 하지만 이런 행동이 학교를 들어가서도 점점 심해진다면 행동 억제_{Behavioral Inhibition}를 의심해 볼 수 있습니다.

낯가림이 심한 아이 행동 속에는

아이들은 자라며 많은 사람을 만나고 새로운 상황을 접하며 더 합리적인 방법으로 생각하고 반응하는 것을 배웁니다. 하지만 어떤 아이들은 계속해서 불안한 행동을 보일 수 있습니다.

아이에게 큰 영향을 미치는 것은 부모의 양육 스타일입니다. 연구에 따르면 불안한 양육은 아이가 느끼는 부모의 거부감, 과잉보호, 따뜻함 부족 등이 연관이 있다고 합니다.

> **• 행동 억제는 무엇일까요?**
> 행동 억제는 아이가 새롭고 예측하지 못한 환경에서 행동을 스스로 제약하고 위축돼 소극적으로 행동하며 긴장하게 됩니다. 이런 행동 억제를 보이는 아동은 문제 행동을 표출하지 않습니다. 하지만 사람과의 관계에 어려움을 느끼고 자존감이 낮거나 불안함을 느끼는 등의 부정적 영향을 끼친다.

아이가 행동을 억제하고 있다면 대인관계를 형성하거나 학교에서 적응하는데 문제가 생길 가능성이 있으므로 부모가 적절하게 개입할 필요가 있습니다.

이렇게 해보세요

01. 아이의 독립성, 자신감을 키워주고 스스로 행동 억제를 극복하게 도와주세요.

아이가 불안해하지 않고 자신감을 가지고 행동할 수 있는 가장 좋은 방법은 아이의 독립성을 격려하는 것입니다. 아이가 자신이 목소리를 높여도 부모가 다 들어 줄 거라는 믿음이 있는 가정환경이 기초가 되어야 합니다. 그 속에서 아이 스스로 문제를 해결할 수 있는 기회를 주고 독립성을 키울 수 있도록 돕는 것이죠.

아이의 행동을 억지로 바꾸려고 하면 문제가 생길 수 있어 아이가 스스로 해결하는 것이 가장 좋습니다. 만약 아이 혼자 해결하도록 가만히 두기에는 마음이 놓이지 않으면, 부모가 선택지를 만들어 고르게 해주는 것도 좋습니다.

인사를 안 하는 것을 고치려고 주눅 들어있는 아이에게 인사를 강요하기보다 다른 방식의 인사법을 고르게 해보세요. 고개를 숙여 인사하는 대신 하이파이브를 하거나, 주먹을 마주대거나, 악수를 하거나, 팔꿈치를 부딪히는 등 여러 방법을 제시하고 아이가 행동 억제를 극복하게 해줍니다.

여기서 중요한 것은 아이가 자신의 행동을 인지하는 것입니다. 아이의 문제 행동을 수정하려는 목적을 기억하고, 방법은 아이가 스스로 고르도록 하는 것이 아이의 독립성을 키워줍니다.

아이에게 부정적인 말로 강요하기보다는 따뜻한 말로 격려해 주세요. 아이의 잘못된 행동이나 결과보다는 아이가 스스로 하려고 했던 노력과 그 과정의 모습을 집중해 주세요. 예를 들어 아이가 새로운 어른에게 인사를 하지 않는 모습을 보고 "어른을 보고 왜 인사를 안 해?"라고 물어보는 대신 "처음 뵙는 분이지. 우리 같이 인사하자"라고 부드럽게 격려해 줍니다. 아이가 쑥스러워 쭈뼛쭈뼛한다면 "괜찮아. 엄마도 그럴 때 있어. 천천히 해보자"라고 이야기해 자신감을 심어주세요.

02. 아이에게 다른 사람들과 잘 지낼 수 있는 방법을 알려주세요.
아이가 또래와 잘 지낼 수 있는 방법이 있습니다. 아이가 관계를 맺을 때 어떻게 행동하면 좋은지 배우고 연습하는 것이죠. 그러니 아이의 관계에서 문제를 발견했을 때 방법을 일러주세요. 인사하는 법, 친구와 물건을 나누는 법, 협동하는 법, 다른 사람의 말을 듣는 법, 다른 사람과 눈을 맞추는 법 등을 알려주면 아이가 다른 사람과의 갈등을 해소하는 데 도움이 될 수 있습니다.

관계를 주제로 하는 책을 보여주는 것도 친구들과 관계를 맺고 대화를 시작하는 등의 방법을 배우는 데 도움이 됩니다. 영유아의 경우는 소셜 스토리도 도움이 됩니다. 이때 아이가 책을 읽는다고 바로 따라 하지 않는다는 것을 알아두셔야 합니다. 몇 번이고 읽고 연습하다 보면 아이가 자연스럽게 일상에 적용하게 될 것입니다.

03. 부모의 지나친 개입은 행동 억제를 강화시킬 수 있습니다.

부모가 개입하기 전에 아이에게 먼저 문제를 해결할 수 있는 기회를 줘야 합니다. 과잉보호가 행동 억제 특성을 지닌 아이들의 부모가 가진 특징이기도 합니다.

아이는 자신의 능력을 경험하면서 자연스럽게 자신감을 얻습니다. 불안한 부모는 걱정하는 마음에 아이의 발달 과정에서 부모가 중심이 되어 그 역할을 하려고 합니다. 아이를 지나치게 보호하는 것은 아이의 환경을 통제하는 것으로 아이의 행동 억제를 일으키는 부작용을 낳을 수 있습니다.

아이가 인지하고 행동하는 시간을 기다려주세요. 아이는 새로운 것을 경험하거나 사람을 만날 때 스스로 중심이 되어 경험할 수 있는 시간이 필요합니다.

아이가 질문했을 때도 바로 답을 말해주기보단 '무엇이', '왜', '어떻게'를 사용하셔서 스스로 생각할 수 있도록 도와주세요. 위축되어 있는 아이에게 질문은 다른 사람에 대해 관심을 보여 연결고리를 형성하게 해줍니다. 예를 들어, "삼촌이 ○○를 보러 왔구나. 아이 반가워라. 우리 삼촌을 만나면 무엇을 먼저 해야 하지?"라고 대화를 이어가는 거예요. 시간이 오래 걸려도 아이가 상황을 스스로 인지하고 적합한 행동을 할 수 있습니다.

여러분의 아이가 행동 억제를 보이고 있나요? 그렇다고 백 퍼센트 불안 장애의 징후는 아닙니다. 아이의 행동이 갈수록 악화되는지의 여부를 관찰하고 빠르게 아이의 불안정한 심리를 관리해 줘야 합니다. 부모가 적절히 개입하면 행동 억제는 줄어들 것입니다.

3

아이가
걱정이 너무 많아요

우리 아이는 수줍음이 많고 자주 불안해합니다. 아이가 유치원 갈 때도 아침마다 엄마와 헤어지는 것을 너무 싫어했고, 초등학교에 들어가서는 상태가 더 악화되었습니다. 아이는 혼자 남겨질까 봐 늘 걱정했고 나쁜 일이 생길까 봐 걱정하는 말을 많이 합니다. 친구들과도 거리감을 느끼는 것 같고요. 그래서 친구가 거의 없습니다. 걱정이 많은 우리 아이 어떻게 도와줄 수 있을까요?

아이들은 어두운 침실, 새 학년, 새로운 도전 등을 두려워하고 불안해합니다. 대부분은 불안함을 느껴도 불평하고 넘어갑니다. 하지만 3~17세 어린이 약 7%가 불안 장애를 갖고 있다는 연구 결과가 있습니다. 불안이 겉보기에는 사소해 보여도 아이의 마음을 알게 모르게 조금씩 쇠약하게 할 수 있습니다. 실제로 불안감을 가진 아이들이 느끼는 걱정은 자연적으로 사라지지 않고 시간이 지남에 따라 더 심해집니다. 심각한 불안감을 가진 아이들은 먹거나, 잠을 자거나, 학교에 가는 일상적인 것에도 영향을 줄 수 있습니다.

걱정이 많은 아이의 마음을 살펴보면

불안의 이유는 무엇일까요? 우리 뇌에는 위험을 감지하고 알리는 감지기가 있는데, 무슨 일이 생기면 위험을 피하기 위해 투쟁도피반응Fight or Flight response을 촉발시킵니다. 불안한 아이의 경우, 이 감지기가 민감해 극적인 반응을 보이는 것입니다. 불안함을 자주 느끼는 부모를 둔 아이는 그렇지 않은 아이에 비해 불안 장애를 가질 가능성이 최대 7배 더 높습니다. 이는 유전적인 이유 외에도 불안한 부모의 마음과 행동으로부터 아이가 영향을 받기 때문입니다. 그래서 아동의 불안 치료나 인지행동 치료를 할 경우 부모가 함께 시행하는 경우가 많습니다.

아이가 보통 7~8살이 되면 주변의 세상에서 통제할 수 없는 것을 알게 되어 걱정이 많아집니다. 정상적인 발달과정에서의 걱정과 불안 장애의 차이는 심각성입니다. 어린아이는 자신의 걱정이 비현실적이거나 과장된 것임을 깨닫지 못하고 행동으로 표현합니다. 병에 걸리는 것을 걱정하는 아이는 지속적으로 안심을 얻으려고 강박적으로 손을 씻기도 합니다. 부모에게 무슨 일이 일어날까 걱정하는 아이는 부모와 헤어지거나 잠드는 데 어려움을 겪습니다.

불안을 느끼면 아이는 두통이나 복통, 수면 장애, 행동 장애를 보입니다. 또한 시간이 지날수록 더 큰 두려움에 잡혀서 지속적으로 질문을 할 수 있습니다. 화재 현장의 뉴스를 보고 "우리 집에도 불이 날 수 있나요?"라고 물어볼 수 있지만, 몇 달 후에도 화재에 대해 집착하는 것은 정상적이지 않습니다.

그렇다면 불안 장애의 유형은 무엇이 있고, 어떻게 대처해야 할까요? 아이의 불안은 여러 유형의 장애로 나타날 수 있습니다.

• 일반화된 불안 장애

일반화된 불안 장애는 최악의 경우를 상상할 뿐만 아니라 일상에 대한 과도한 걱정을 합니다. '내가 시험에 합격할 수 있을까? 내가 잘 못 치면 어떡하지? 좋은 학교에 들어갈 수 있을까?' 등 불안은 아이를 과도한 공부나 연습을 하게 만들 수 있습니다. 이 불안을 가진 아이는 기대에 부응하기 위해 자신의 능력을 끊임없이 걱정합니다. 이로 인해 아이는 피로, 복통, 두통을 포함한 신체적 증상을 호소할 수 있습니다.

- 사회 불안 장애

사회적 불안이 있는 아이는 사람을 만나거나 대화하는 것을 두려워합니다. 아이가 수줍음을 타는 것은 문제가 없지만, 당황스러운 행동을 하거나 나쁜 일을 과도하게 걱정할 때는 이 장애를 의심해볼 수 있습니다. 사회적 불안은 아이가 학교 등 사회적 상황을 피하고, 압박을 받으면 울거나 짜증을 냅니다. 또 수업 시간에 말을 하거나 식당에서 주문하는 것을 어려워하는 것 등 사회적 불안감을 가질 수 있습니다.

- 선택적 함구증

선택적 함구증을 가진 아이는 가족이나 친구와 쉽게 대화를 나누지만, 남들 앞에서는 불안해서 말을 전혀 하지 못합니다. 부모와 교사는 때때로 이 침묵을 아이가 의도한 것이라고 해석하지만, 아이는 사실 극심한 두려움으로 마비된 것일 수 있습니다. 이때 아이에게 말을 하라고 요구받으면 얼어있는 것처럼 보입니다. 말하지 않고 대신 의사소통을 위해 고개를 끄덕이거나 표정을 사용할 것입니다.

- 강박 장애

만약 아이가 극심한 불안과 두려움에 시달리면, 이를 없애기 위해 반복적인 의식을 해야 한다고 느낄 수 있습니다. 원치 않는 생각과 두려움에 압도되어 반복적인 행동으로 불안감을 완화시킵니다. 아이가 불안을 중화시키고 편해지기 위해 손을 억지로 씻거나, 문을 잠갔다가 다시 잠그거나, 반복적인 질문을 하는 등의 모습을 보이기도 합니다.

이렇게 해보세요

아이가 불안을 극복하도록 어떤 도움을 줄 수 있을까요? 아이가 불안 행동을 보이지만 일상생활에 크게 지장을 주지 않는 단계에서 부모의 도움이 큰 효과가 있습니다.

01. 아이의 두려움에 맞설 수 있도록 도와주세요.

아이가 개를 두려워한다면, 아마도 부모는 아이를 개에서 멀리 떨어뜨리려고 노력할 것입니다. 그렇게 하면 장기적으로는 아이의 두려움을 더 강화시킵니다. 상황을 피하는 대신 두려움에 맞서고 그것을 관리하는 기술을 알려주어야 합니다. 개를 피하기보다는 멀리서 개를 지켜보고 묶여 있는 개를 쓰다듬어 보는 등의 도움을 주는 것이 효과적입니다.

엄마와 떨어지는 것을 두려워하는 아이를 아이가 원하는 대로 데리고 다니거나 붙어있는다면, 오히려 아이의 두려움을 더 강화할 수 있습니다. 부모가 대신 아이의 두려움의 대상을 제거하지 말아주세요. 아이가 스스로 맞설 수 있도록 적당히 노출시키는 것이 중요합니다.

하지만 아이에게 마주하기 싫은 상황을 직면하도록 강요하지 마세요. 아이가 두려워하거나 크게 불안해한다고 비난하지 마셔야 합니다. 부드럽게 격려하되 아이가 실제로 불안을 완화할 때까지 기다려주세요.

02. 불안의 원인을 알아보세요.

불안한 상황에서 아이를 안심시키기 전에 무엇이 아이를 초조하고 불안하게 하는지 구체적으로 알 필요가 있습니다. 이유를 알고, 그에 대처할 수 있도록 해주면 아이의 불안이 낮아집니다. 어린아이는 불안해서 생기는 신체적 변화를 그저 배가 아프다, 머리가 아프다, 등이 불편하다 등으로 표현할 수 있습니다. 아이가 거짓말을 하거나 아픈 척을 하는 것이 아닌 스트레스로 몸의 변화가 생긴 것 일 수 있습니다. 불안이 아픔의 원인이라면, 아이에게 불안한 감정이 신체에 변화를 줄 수 있다는 것을 설명해주는 것도 좋습니다.

03. 스스로 자신을 진정시키는 법을 가르쳐주세요.

부모의 궁극적인 목표는 아이의 불안을 없애는 것이 아니라 아이가 불안을 다스리는 것을 돕는 것입니다. 부모는 아이가 괴롭거나 불안해하는 것을 보고 싶어 하지 않습니다. 그렇다고 부모가 평생 아이가 불안해하는 요소를 모두 없애줄 수 없습니다. 그러니 아이의 불안 요소를 모두 제거하는 것보다 불안할 때조차도 그것을 잘 참고 넘기는 방법을 아는 것이 더 중요합니다. 아이에게 자신을 진정시키는 법을 알려주면, 시간이 지나면서 불안함이 조금씩 줄어들 것입니다.

불안한 마음을 편하게 할 수 있도록 하는 방법들이 여러 가지 있습니다. 심호흡, 숫자 세기, 비눗방울 불기, 색칠하기 등 아이에게 맞는 것을 가르쳐 주세요. 불안하여 화가 날 것 같을 때 아이와 천천히 숨 쉬며 하나 둘 셋 숫자를 세며 진정하도록 합니다. 이 방법에 익숙해지면 아이는 스스로 감정을 진정시키고 불안을 낮출 수 있습니다.

4

심하게 화를 내면
진정시키기 힘들어요

3살 아이가 고집이 세고 성격이 급합니다. 말한 걸 엄마가 바로 안 들어주면 떼부터 쓰는 경향이 있습니다. 게다가 한번 울기 시작하면 멈출 줄을 모릅니다. 아이가 어릴 때는 빨리 들어주는 게 편하니 빨리 해줬는데 지금은 빠르게 반응이 오지 않으면 화를 내고 물건을 던지거나 소리를 지르며 웁니다. 울 때 안아서 진정시켜보려고 했는데, 진정되기는커녕 자신의 화를 주체하지 못해 울며 몸을 떨며 이상한 울음소리도 냅니다. 어떻게 해야 할까요?

많은 아이들이 바른 방법으로 감정을 표현하는 방법을 잘 모릅니다. 화를 가라앉히고 감정을 표현하는 법은 아이가 커가면서 자연스럽게 습득할 수 있는 것이 아니기 때문입니다. 만 3세 즈음이면 아이는 많은 감정을 느끼고 생각을 하며, 독립적인 욕구가 커집니다. 때로는 뜻대로 되지 않는다며 크게 화를 내는 경우도 있습니다. 아이는 화가 났을 때 건강하게 화와 분노를 표현하는 방법이나 진정하는 법을 몰라 힘들어합니다.

심하게 분노하는 아이의 행동

아이가 말하려고 하는 것을 이해하기 위해 몇 가지 유형의 분노에 대해 설명하고자 합니다. 분노의 종류는 크게 여섯 가지로 나뉩니다.

- 좌절감을 느끼는 분노: 아이가 자신의 뜻대로 할 수 없다는 사실에 좌절하는 지점에서 일어납니다. 아이가 언어로 적절하게 표현하지 못해 완성하고 싶은 일을 끝내지 못했을 때가 있습니다.
- 피로에 의한 분노: 아이가 피곤하고 짜증이 나서 화를 내는 경우입니다. 피곤, 배고픔, 아픔 등 신체적인 이유가 아이의 화에 영향을 미칠 수 있습니다.
- 관심을 끌기 원하는 분노: 아이가 어떤 상황에서 자신의 뜻대로 하고 싶을 때 일어납니다. 자신이 원하는 것을 표현할 때 징징거리거나 울거나 문을 쾅 닫아버릴 수 있습니다. 놀이터에서 더 놀고 싶은 경우나 엄마의 직장에 함께 가고 싶은 경우 등이 있습니다.
- 거부하기 위한 분노: 이를 닦기나 식사를 하는 것, 정해진 시간에 잠자기 같은 규칙적이거나 중요한 것을 거부하려고 하는 상황에서 비롯됩니다.
- 파괴적인 분노: 무슨 수를 써서라도 상대의 주의를 끌기 위한 것입니다. 때때로 엄마에게 달라붙어 울거나 다른 사람을 때리거나 하는 식으로 주변을 손상시키고, 물건을 던질 때도 있습니다.

• 격노하는 분노: 아이와 부모에게 가장 화가 나는 경우일 것입니다. 특징은 통제력 상실, 비명, 자해 등입니다. 아이가 갑자기 몸을 뒤로 넘어뜨리거나 머리를 땅에 부딪히는 경우가 대표적입니다.

부모가 아이에게 분노의 감정과 자신의 필요를 잘 전달할 수 있도록 도와준다면 아이의 공격적이거나 이해하기 어려운 행동들은 점차 없어집니다. 가장 기본은 아이의 안전입니다. 아이가 분노를 표출하는 상황에서 다칠까 걱정되면 주위를 먼저 정돈하고 아이를 안아서 진정시키는 것도 좋은 방법입니다.

이렇게 해보세요

고집이 세고 자신이 하려고 하는 의지가 센 아이에게는 스스로 결정해서 자신의 의지대로 할 수 있게 기다려줄 필요가 있습니다. 이는 모든 것을 아이의 결정에 맡기라고 말씀드리는 것이 아닙니다. 자아가 센 아이일수록 자신의 선택에서 비롯된 상황을 잘 받아들이고 화를 내지 않는 경향이 있습니다.

01. 침착하게 기다린 후 잘못된 행동을 교정해 주세요.

화를 다스리는 방법 중 기본은 부모가 평정심을 유지하는 것입니다. 아이가 부모의 관심을 끌기 위해 화를 낸다면 아이의 행동에 집중하지 말고 잠깐 옆에서 기다려주세요. 그렇다고 무시하라는 것이 아닙니다. 아이에 안전에 주의를 기울이면서 기다립니다. 아이가 진정되면 아이의 행동에서 잘못된 점을 침착하게 알려주세요.

아이가 지나치게 화와 분노를 쏟아내는 것은 무의식적 행동입니다. 그때는 아이를 훈육하려 해도 소용이 없으니 진정될 때까지 기다리셔야 합니다.

아이에게 "너는 ○○때문에 화가 많이 났구나. 울면서 말하면 엄마가 듣지 못해. 이야기 할 수 있을 때까지 기다릴게" 말하고 옆에서 기다려 주세요. 이렇게 해도 아이가 더 심하게 떼를 쓰며 울지 모릅니다. 그럼 다시 한번 "엄마는 네가 울면서 말하면 못 들어. 자 진정하자"라고 하며 진정할 수 있도록 심호흡을 권합니다.

02. 감정을 말로 표현할 수 있는 놀이를 권합니다.

3살은 감정에 대처하는 법, 어떤 감정인지 인지하게 하는 법, 자신의 감정을 올바르게 표출하는 법 등을 배우기 좋은 시기입니다. 아이와 자주 감정을 말로 표현하는 연습을 해보세요.

'지금 너의 감정은 어때?'라는 표를 만들어보세요. 그 표 안에 여러 모양의 표정을 그려줍니다. 화나는 표정, 무서운 표정, 슬픈 표정, 행복한 표정, 실망스러운 표정, 걱정되는 표정, 좌절한 표정, 진정하는 표정 등 다양한 표정을 추가해 주세요. 아이가 감정을 인지하고 어떤 감정인지를 가리키고 말로 표현하는 연습을 시켜주세요.

화나는 표정	무서운 표정	기쁜 표정
실망한 표정	슬픈 표정	당황한 표정
행복한 표정	걱정하는 표정	진정하는 표정

웃는 표정을 가리키며, "엄마는 지금 행복해. 너는?", "아, 네가 기쁘구나. 혹은 네가 슬프구나" 하며 아이가 자신의 감정을 부정적 행동이 아닌 말로 표현하도록 도와줍니다.

아이와 감정 표현을 많이 할 수 있는 상황 놀이를 하는 것도 좋습니다. 놀이를 할 때 느낌과 감정을 많이 말해주세요. 예를 들어 "이 친구가 배고파서 짜증이 나나 봐. 많이 우네. 짜증은 엄마의 관심을 끄는 방법이 아니지. 우리 친구가 왜 그런지 물어보자"라고 하며 감정에 어떻게 대처해야 하는지 놀이로 알려주세요.

03. 심호흡을 함께 연습해 주세요.

아이는 화를 내는 순간에도 부모를 지켜보고 있습니다. 아이의 행동에 같이 화를 낸다면 아이 마음은 무의식적으로 더 요동칩니다. 갈등의 상황에서 중요한 것은 아이를 무의식적 반응에서 의식적인 반응으로 끌어오는 것입니다. 이를 위해 부모는 침착하게 평정심을 갖고 반응해야 합니다.

무의식적 반응을 끊는 좋은 방법은 심호흡입니다. 심호흡은 아이의 몸을 진정시킬 뿐 아니라 빠른 심박수를 천천히 하고, 자신의 감정을 통제하도록 돕습니다. 아이가 심하게 화를 내면서 울면 아이의 심장은 아주 빠르게 뜁니다. 이때는 아이를 꼭 안아주세요. 그리고 함께 심호흡을 해주세요.

아이가 멍하거나 심한 떼를 부리면 아무 말 없이 아이를 안아주세요. 아이와 엄마의 가슴과 가슴이 맞닿도록 아이의 양팔을 엄마의 겨드랑이 밑으로 넣어 안아줍니다. 엄마가 아이를 안고 깊게 심호흡을 하면 엄마의 안정된 심박수가 아이에게 전달돼 진정하는 데 도움이 됩니다.

어린아이들은 심호흡을 하는 방법을 모릅니다. 시각적 도구를 사용해 아이에게 심호흡을 알려주세요. 예를 들어 바람개비에 꽃을 아래에 달아서 먼저 꽃향기를 맡게 하고, 바람개비를 불게 도와줍니다. 이렇게 하면 자연스럽게 심호흡을 연습할 수 있습니다. 평소 아이와 바람개비 부는 놀이를 하면 아이가 심하게 우는 상태라도 바람개비 호흡을 하며 진정하는 효과를 얻을 수 있습니다.

아이들은 때때로 화가 납니다. 그것은 자연스러운 우리의 감정 중에 하나예요. 하지만 그 화에 어떻게 반응하는지를 집중할 필요가 있습니다. 아이의 자제력이 커지면 화와 분노는 덜해집니다. 아이가 자제력을 키울 수 있도록 부모가 도와주어야 합니다.

5

우울해하는 아이를
어떻게 도와줘야 할까요

작년에 가정에 어려움이 있었습니다. 그 일 때문인지 8살된 아이가 쉽게 화를 내고 갑자기 우울해하고 혼자 있을 때도 많습니다. 전에는 잘 웃고 했던 아이가 무언가를 갖고 싶어 하거나 관심을 갖는 것도 없어졌습니다. 학교에서도 공부하는 것에 의욕도 없고 집중을 못 한다고 들었습니다. 아이에게 어떻게 해줘야 할까요?

어린아이들이 감정 기복을 경험하는 것은 자연스러운 일입니다. 아이가 슬퍼 보인다고 해서 반드시 우울증이 있는 것도 아니고요. 때로는 어떠한 이유(잃어버린 관계, 공부, 실패, 좌절, 이사, 친구 관계, 반려동물 등)로 아이가 깊은 슬픔을 겪을 수 있습니다. 아이가 슬픔 때문에 우울감을 느낀다면, 아이의 슬픔의 원인을 확인하고 도움을 주세요. 아이의 감정을 공감한 후 긍정적인 방향으로 해결 방도를 함께 모색해 보는 것입니다. 아이가 며칠이 지나 활기를 되찾는다면 우울증은 아니니 크게 걱정하지 않아도 됩니다. 하지만 시간이 지나도 정상적인 사회 활동, 흥미, 학교 생활, 공부에 방해가 된다면, 우울증을 앓고 있을 수 있으니 전문가와의 상담이 필요합니다.

우울해하는 아이의 마음

아이들은 우울한 감정이 어떤 것인지 모르는 경우가 많습니다. 다시 말해 '우울하다'라는 말 대신에 '재미없다', '요즘엔 하기 싫어' 등의 말로 우울한 감정을 표현할 수 있습니다.

아이들은 우울증이 정상적인 발달과정에서 나타나는 감정적, 심리적 변화로 해석될 수 있어 파악하기 어려운 경우가 많습니다. 아이가 우울한 기분을 화난 행동으로 표현하기 때문입니다.

소아 우울증의 증상을 보면 분노, 절망, 포기, 거절에 민감하게 반응, 식욕 변화, 수면 변화, 집중 문제, 피로와 낮은 에너지, 이유 없는 복통과 두통, 관심사에 동기부여를 하지 못함, 사고 집중력 저하, 죽음이나 자살에 대한 생각 등이 있습니다.

대개 아이들에게는 우울과 불안감이 함께 오는 경우가 많습니다. 불안은 일상적 상황에 대한 두려움, 공황 또는 걱정을 유발하는 상태입니다. 때로는 아이들의 우울증이나 불안이 심적 성장통으로 불리기도 합니다만 2주 이상 증상이 지속된다면, 꼭 전문가와 상담을 하시는 것이 좋습니다. 그 과정에서 아이의 우울증에 기여하는 ADHD, 행동 장애 혹은 강박 장애 등과 같은 것들도 발견될 수 있습니다.

이렇게 해보세요

우울증을 겪고 있는 아이를 위해 부모가 아이의 정신건강 개선에 더욱 신경 써야 합니다.

01. 규칙적인 생활을 할 수 있는 환경을 만들어주세요.

규칙적인 식생활 습관은 정신건강뿐 아니라 삶에도 많은 영향을 주는데요. 매일 규칙적인 운동, 가정에서의 안정적인 정서 환경, 충분한 휴식과 수면, 균형 잡힌 식사와 시간은 놓치기 쉬운 것들입니다.

특히 우울증을 겪고 있다면, 아이는 늘 하던 일상생활을 이어나가야 하는 동기를 느끼지 못할 수 있습니다. 식사를 해야 하지만 입맛이 없어 먹기 싫어하고 밖에 나가서 친구와 노는 것도 피하려 할 수 있습니다. 그렇기 때문에 부모가 환경을 만들고 꾸준히 생활을 이어갈 수 있게 도와주어야 합니다.

02. 슬픔과 우울한 느낌에 대해 함께 이야기해 보세요.

아이들은 왜 슬프고 왜 그 일이 어려운지 자세히 모를 수 있습니다. 이유를 설명할 수 없어도 아이가 힘든 시간을 겪고 있다는 것을 이해해주세요. 숙제를 하기 싫어서 안하는 것이 아니라, 친구와 나가서 뛰어놀지 않는 게 게을러서가 아니라는 것을요.

우울증을 겪고 있는 아이는 자신이 절대 그 일을 못 할 거라고 느끼기 때문에 동기가 없는 것입니다. 그렇기 때문에 우선 아이와 마음 상태에 대해 함께 이야기해 보세요. 아이의 어려운 점을 듣고, 위로하고, 응원하여 사랑을 보여주세요. 여기서 중요한 것은 아이의 감정은 아이가 가질 권리입니다. 아이가 우울한 감정을 숨기지 않고 함께 나눌 때 격려해 주길 바랍니다.

03. 아이와 이야기하도록 노력해 보세요.

동기 면담Motivation interviewing 심리 치료법은 동기 강화 상담으로도 불립니다. 상반된 두 감정을 고루 탐색해서 동기를 이끌어내는 방법입니다. 대개 우울증을 겪고 있는 사람들은 양가의 감정이 있지만, 동기가 없는 것이 공통점입니다. 아이가 자신의 장점을 인식하게 해주세요. 예를 들어 "네가 그 일이 어려웠을 텐데 잘 대처했구나"와 같은 말로 아이의 변화를 받아들이는 능력에 대한 자신감을 길러 주시기 바랍니다.

아이가 말하는 것을 잘못 해석하거나 오히려 추측해서 오해가 생길 수 있으니 주의깊게 들어야 합니다. 부모의 태도를 통해 아이는 존중을 느낍니다. 아이가 말을 다 끝내면 보통 마지막 문장의 목소리가 낮아질 것입니다. 그때 "그래서 너는…", "네가 말한 말은…. 맞아?" 혹은 "너는 만약 이렇게 되면… 궁금했던 거지?"와 같은 아이가 했던 이야기를 스스로 반영할 수 있게 도와줍니다. 마지막으로 요약을 합니다. 요약은 변화를 향한 발걸음입니다. 아이의 말과 느낌, 상황을 요약한 후 문제를 인식해서 아이가 문제를 긍정적인 관점으로 볼 수 있도록 도와줍니다.

6

시험을 보고 오더니
자존감이 낮아졌어요

하루는 아이가 고민이 있다 하면서 "엄마 나는 정말 멍청한 거 같아요. 다른 친구에 비해 공부해도 시험을 보면 많이 틀려요. 창피해서 다른 것들도 도전하기 싫어지고 공부도 하기 싫어요. 잘 하는 것이 없는 것 같아서 학교 가는 것이 싫어요"라고 했습니다. 그 말을 들을 때는 속상해서 아이에게 "네가 더 열심히 하면 돼!"라고 말했어요. 나중에 생각해보니 아이가 고민하는 것이 노력으로 해결될 문제가 아닌 것 같더라고요. 아이의 자존감이 낮아진 게 더 큰 문제라는 생각이 문득 들었어요. 성적으로 인해 자신감이 떨어진 아이 어떻게 도와주어야 하나요?

아이는 학교에서 생활하며 다양한 활동에 참여하고, 도전하고, 다른 사람들과 상호 작용하며 배우고 그 안에서 자신감과 자존감도 얻습니다. 자신감은 때에 따라 낮아지거나 높아지기도 하지만 자존감이 낮으면 대체로 자신에 대해 만족하지 못하는 모습을 보입니다. 자존감은 학업 성취도에도 큰 영향을 미치는데 낮은 자존감은 학습 욕구, 집중력, 도전력 등 의지를 감소시킬 수 있습니다. 성적 때문에 자존감이 낮아진 아이에게 더 열심히 하라는 말은 도움이 되지 않습니다. 낮은 자존감을 해결하려면 부모의 관심과 성취감을 옮기는 것이 필요합니다.

자존감이 낮은 아이를 위해

자존감이 낮은 아이에게 필요한 것은 자신에 대한 믿음을 회복하는 일입니다. 낮은 자존감은 부정적인 감정과 우울, 불안을 초래할 수 있습니다. 또한 사랑받을 자격이 없다고 믿어 관계에 문제가 생기기 쉽고, 자주 화를 내거나 타인을 괴롭힐 수도 있습니다. 자신의 능력이나 가치를 의심하기 때문에 도전을 피하고, 판단을 내리는 일에 두려움을 느끼고 부정적 평가를 힘들어합니다. 심지어 자신을 해치거나 자기 관리가 소홀하게 할 수 있습니다.

이런 행동에는 여러 이유가 있지만 보통은 가까운 가족이나 선생님에게 극도로 비판적인 평가를 받아왔거나, 성적 부진이 원인일 수 있습니다. 또한 경제적 어려움과 같은 지속적인 스트레스, 부모로부터 받은 감정적 학대 등도 영향을 줍니다.

이렇게 해보세요

선생님이나 부모가 어떤 것을 한다고 하루아침에 아이의 자존 감이나 자신감이 향상되는 것은 아닙니다. 하지만 서로를 믿는 관계 안에서 소통하면 아이는 매일 조금씩 자존감을 회복하게 될 것입니다.

01. 지속적 격려를 통해 아이의 자존감을 기를 수 있습니다.

첫 시작은 잘 하는 것에 대한 인정과 감사의 표시입니다. 그리 고 잘 하지 못하는 부분이 향상될 것이라는 확신을 심어주는 것 입니다. 이때 구체적인 내용으로 칭찬해 주세요. 아이들도 그냥 하는 막연한 칭찬과 아닌 것을 구분합니다. 사려 깊은 감사와 구 체적으로 잘한 것을 표현해 주세요.

02. 소속감을 만들어주세요.

자존감이 낮은 아이들은 종종 다른 친구들로부터 격리되기 쉽 습니다. 학교 안팎에서 이루어지는 활동에 관심을 갖고 참여할 수 있도록 해주세요. 아니면 친한 친구와 활동을 구성할 수 있도 록 도와주는 것도 좋습니다.

03. 자신에게 긍정적으로 말하고, 부정적 평가를 해야 할 때는 객 관적으로 평가하게 해주세요.

아이가 자신을 가장 친한 친구처럼 대하도록 해주세요. 자존감이 낮은 아이가 자신을 평가해야 할 때는 객관적 증거로만 보도록 이끌어줍니다. 부모의 입장이 아니라 아이가 자신의 문제점과 노력한 내용을 보고 부족한 점을 찾을 수 있게 도와주는 것입니다. 여기서 중요한 점은 긍정적으로 시작해서 부정적 평가를 하고 긍정적으로 대화의 끝을 맺을 수 있도록 하는 것이 중요합니다. 매일 아이가 자신의 좋은 점을 찾을 수 있도록 해주세요. 실망하고 상처받은 것은 잊고 현재에 집중하도록 도와주셔야 합니다.

04. 현실적인 기대치를 만들어 성취감을 느끼게 하세요.

모든 부모는 아이가 기대 이상으로 성과를 내는 것을 보고 싶어 합니다. 하지만 어떠한 아이에게 성취할 수 없는 기대치는 아이의 자신감을 깎아내립니다. 학기가 시작하면 한 해 동안 성취하고 싶은 목표를 직접 적어보게 합니다. 그리고 아이와 함께 목록을 검토해 합리적인 목표를 세우는 것을 도와줍니다. 성적은 낮지만, 아이의 욕심은 다른 아이들보다 잘 하고 싶을 수 있어요. 아이에게 한번에 높은 목표치를 만드는 것보다 작은 목표를 차근차근 이루어 성취감과 자신감을 높이게 도와주세요.

7

엄마와 떨어지면
자지러지게 울어요

처음으로 아이를 어린이집에 보내던 그날, 아이는 악을 쓰며 저에게서 떨어지지 않으려 울었습니다. 그런 아이를 두고 가려니 마음이 아파 출근길에 펑펑 울었습니다. 엄마와 아이가 한 번쯤 겪는다는 분리 불안이라는 걸 알아요. 그 이후 아이는 아침에 일어나면 더 저에게 매달리고, 주말에도 제가 혼자 외출하게 되면 아이는 생떼를 부리며 난리를 칩니다. 3세라 아직 어려서 조금 시간이 지나면 괜찮아지는지 궁금합니다.

엄마와 아이는 때가 되면 한 번쯤 분리 불안을 겪습니다. 새로운 환경에 쉽게 적응하는 아이가 있는 반면에 오랜 기간 엄마와 헤어질 때마다 힘들어하는 아이가 있습니다. 모든 아이는 약간의 불안을 가지고 있습니다. 성장 과정에서 지극히 정상적인 것이고요. 특히 생후 18개월에서 3세 사이의 아이들은 대부분 분리 불안을 가지고 있다고 생각해도 결코 과한 것이 아닙니다.

엄마와 떨어지는 것을 힘들어하는 아이

그렇다면 분리 불안이 생기는 이유는 무엇일까요? 단순히 아이가 느끼는 분리 불안은 아이가 불안을 느끼는 환경에서 양육자 혹은 애착자와 떨어지기 힘들어하는 것입니다. 헤어질 시 불안감을 느끼며 공격적 태도를 취한다든지, 심적으로 힘들어하죠. 분리 불안이 심각해지면 분리 불안 장애로 이어질 수 있습니다. 분리 불안 장애는 정신건강의 문제로, 가족이나 자신과 가까운 사람들과 떨어져 있는 것을 많이 걱정하고 두려워합니다. 가족과 함께 있지 않으면 길을 잃어 영영 헤어진다거나 가족에게 나쁜 일이 생길 수 있다는 두려움을 가지고 있습니다. 이러한 증상이 4주 이상 지속되면 분리 불안 장애 진단을 내립니다.

전문가들은 분리 불안 장애가 생물학적 혹은 환경적 요인에 의해 발생한다고 합니다. 아이가 불안해하는 경향을 화학물질의 불균형으로 부모에게서 물려받을 수 있기 때문입니다. 또는 주위 사람으로부터 불안과 두려움을 보고 배울 수 있습니다. 충격적인 사건, 트라우마도 분리 불안 장애를 유발할 수 있습니다.

분리 불안 장애 증상으로는 혼자 자는 것을 거부하고, 악몽에 시달리며, 헤어질 때 걱정이 많고, 특히 가족의 안전을 걱정합니다. 등교를 거부하기도 하고, 잦은 복통과 두통 등 신체적 아픔을 호소

합니다. 집에 있을 때에도 집착하듯 엄마에게 달라붙습니다.

그렇다면 분리 불안으로 힘들어하는 아이를 어떻게 하면 유치원에 적응하도록 할 수 있을까요? 이러한 아이에게는 부모의 역할이 특히 더 중요합니다. 심각한 경우에는 전문가를 찾아가 상담해 보세요. 그 전에 부모가 집에서 아이의 불안을 줄여주는 몇 가지 방법을 소개하겠습니다.

이렇게 해보세요

01. 우선 분리 불안을 느끼는 아이의 감정에 충실해 주세요.

아이와 문제에 대해 깊게 대화로 이야기하세요. 감정을 숨겨서 감춰두고 지내는 것보다 아이가 자신의 감정에 대해 터놓고 이야기하는 것이 더 좋습니다. 아이의 감정을 들으며 존중해 주세요. 아이가 느끼는 감정을 "뭐가 무서워. 뭐가 그리 걱정을 해"라고 핀잔하지 말아주세요. 아이는 스트레스 위협을 느낍니다. "많이 걱정되는구나. 괜찮아. 엄마가 잠깐 안 보여도 다시 이렇게 볼 거야"라고 다독여주세요.

아이의 감정을 들어주고, 이해해주세요. "엄마 올 건데 왜 그렇게 울어?" 대신 우는 아이에게 "○○가 엄마가 안 보이면 무섭구나", "괜찮아, 엄마가 ○○때 꼭 올거야", "엄마가 보고 싶으면, 곰 인형을 꼭 안아줘", "엄마가 보고싶으면, 엄마 사진을 보렴" 하고 감정을 먼저 다독여야 합니다.

02. 스케줄 표를 아이가 잘 보이는 곳에 두고 엄마가 없을 때 시간에 따라 할 일을 정해주세요.

상황을 먼저 인식하고 아이의 어려움을 예상해서 계획을 세우세요. 학교에 가거나 친구들과 만나 노는 등 불안감을 줄 수 있는 상황에 대비해야 합니다.

유치원에 갈 때는 아이가 엄마와 교실에서 충분히 시간을 가지고 아이에게 엄마와 헤어짐을 준비하는 시간을 주세요. 또한 아이가 새로운 곳에 가야 할 때는 미리 방문해서 아이가 이후의 상황을 머릿속으로 상상할 수 있도록 해주는 것도 두려움을 완화하는 데 도움이 됩니다.

평소에는 아이에게 엄마가 오는 시간을 알려주세요. 스케줄을 사진과 함께 보여주면서 "점심 먹고 낮잠 자고 간식 먹고 놀이터에서 친구랑 놀 때 엄마가 유치원에 너를 데리러 갈게"처럼요. 엄마만 외출할 때는 "아빠와 저녁을 먹고, 게임을 하고, 목욕하고, 잠자리 자기 전 책을 보고 있을 때 엄마가 다시 올 거야"라고 정확하게 알려주세요.

03. 일관된 생활패턴이나 루틴을 제공하시기 바랍니다.

아이가 너무 많이 운다고 오늘은 유치원 안 보내고 내일은 보내고 상황에 따라 일상이 왔다 갔다 한다면, 오히려 아이의 불안감만 높아집니다. 제가 가르치던 아이는 분리 불안 때문에 아침에 등교하면 오전 내내 울기만 했습니다. 아이의 엄마는 매일 아이를 데리고 오고 같은 방식으로 아이와 인사를 나누고 헤어졌지만, 아이의 아빠는 우는 딸이 안쓰러워서 아빠가 재택근무 하는 날에는 아이를 학교에 데리고 오지 않을 때가 있었습니다. 어떤 날에는 아이를 데리고 왔다 너무 운다고 다시 집으로 데리고 간 날도 있었고요. 아이는 일관적이지 않은 부모의 태도로 오히려 혼돈과 불안을 느꼈습니다.

아이들은 예측할 수 없는 변화와 패턴에 불안감을 갖습니다. 그렇기 때문에 기상 시간, 식사시간, 아침 등교 시간 등을 유지하도록 노력하세요. 만약 일정이 변경될 경우 꼭 미리 알려주세요. 변화가 예상된 것이어야 아이가 더 쉽게 적응할 수 있습니다.

04. 엄마의 부재를 힘들어하는 아이에게 집안에서 아이가 잠시 떨어져 있도록 연습해 보세요.

아이가 헤어지는 것을 걱정한다고 피하려고 하지 마세요. 부모가 아이가 불안하게 여기는 것을 미리 치워주면, 아이는 극복하기 어려워집니다. 아이가 떨어져 있는 것에 대한 내성을 기를 수 있도록 도와주셔야 합니다. 예를 들어 아이가 노는 동안 조용히 다른 방으로 가세요. 다음에는 아이가 친구와 함께 노는 시간에 잠깐 동안 자리를 비워보세요. 조금씩 아이와 떨어지는 연습을 해서 아이에게 엄마가 보이지 않아도 다시 온다는 믿음을 심어주세요. 대신 가족사진이나 손수건 등 아이가 엄마를 느낄 수 있는 물건을 주면 아이가 안정감을 느낄 수 있습니다.

05. 아이와 헤어질 때는 언제 떠날지, 언제 돌아올지 꼭 알려주세요.

부모의 입장에서는 아이가 헤어져서 괴로워하는 모습을 보고 있는 것이 쉬운 일은 아닙니다. 분리 불안 장애가 있는 아이를 돕는 데는 많은 인내심과 노하우를 필요로 합니다.

일상을 루틴에 따르는 것도 중요하지만, 아이와 헤어질 때 자주 실수하는 것이 있어요. 유치원에 도착해서 인사만 하면 아이가 너무 운다고 작별 인사도 없이 몰래 빠져나가는 경우가 많습니다. 이는 상황을 더 악화시킬 수 있습니다. 아이는 갑자기 엄마가 곁에 없다는 것을 알게 되면 혼란스럽고 화가 나 감정을 조절하는데 어려움을 겪을 수 있습니다.

아직 시계를 볼 줄 모르는 아이라면, 유치원에서 "네가 간식을 먹고 나면 엄마가 갈 거야" 혹은 "네가 낮잠 자고 나서 놀이터에서 친구하고 놀고 있을 때 엄마가 데리러 갈게"와 같은 식으로 스케줄을 알려주세요.

이는 다른 상황에서도 마찬가지입니다. 아이를 주말에 조부모에게 맡긴다고 가정해 볼게요. 아이는 엄마와 헤어질 때 집에서부터 미리 언제 헤어질 것이고, 엄마가 없는 동안 할머니와 무엇을 할 것이고, 언제 엄마가 반드시 오겠다는 약속을 해주세요. 중요한 것은 그 약속을 이행하는 것입니다. 아이에게 약속한 시간까지 가는 것이 중요합니다. 아이는 처음에는 짧은 시간으로 시작해 점차 시간을 늘려도 엄마가 반드시 돌아온다는 믿음을 갖게 될 것입니다.

많은 연구에서 자연적 분리 불안은 아이가 양육자와 애착 관계를 형성했다는 것을 보여주는 지표입니다. 하지만 이 분리 불안이 아이에게 지속적으로 걸림돌이 되지 않도록 신경 써주세요. 아이는 좀 더 수월하게 새로운 환경에 적응할 수 있을 것입니다.

아이가 유치원에서
친구 물건을 그냥 들고 왔어요

아이가 유치원을 다니다가 코로나로 인해 한참을 집에서 엄마와 단둘이 지냈습니다. 외동아들이어서 집에 있는 장난감이 모두 자기 것인 상황에 익숙해진 건지 하루는 유치원에서 다른 친구의 물건을 자기 것처럼 막 쓰고 집에 들고 오기까지 했습니다. 어린아이라서 아직 자신의 물건과 구분이 없는 것인지, 아니면 무슨 이유가 있어서 그런 것인지 모르겠어요.

사실 많은 어린아이들이 타인의 물건을 묻지 않고 쓰는 경우가 많습니다. 발달과정상, 자신의 것과 다른 사람의 것의 경계에 대한 이해가 부족할 수 있기 때문입니다. 그렇기 때문에 만 3세~5세 아이가 흥미를 끄는 물건을 가져가는 것을 훔친다고 보기에 어렵습니다. 타인의 것을 쓰기 위해 허락을 받고, 가게에서 무언가를 산다는 개념은 6세 이후에나 이해하게 됩니다. 보통 초등학교 1학년 즈음이 되어야 자신이 소유한 물건을 인지하고, 허락

없이 타인의 물건을 가져가거나 쓰는 것은 적절하지 않다는 것을 깨닫기 시작합니다.

친구의 물건을 허락없이 쓰거나 가져오는 아이의 행동

아이가 어른으로부터 타인의 물건을 가져가거나 허락 없이 쓰는 것이 나쁜 행동이라는 것을 배웠다면, 관심을 끌기 위해 일부러 나쁜 행동을 하거나 반항하려는 의도가 있을 수 있습니다. 그 외에도 충동적으로 했거나 단순히 재미삼아 그랬을 수도 있습니다.

이렇게 해보세요

01. 집에서도 자신의 것과 타인의 것을 구분하고 빌려달라고 요청하게 해주세요.

아이들은 만 3세부터 자신의 것과 타인의 것을 인지하기 시작합니다. 아이가 자신이 좋아하는 것에 "이거 내 꺼!" 혹은 자신의 이름을 넣어 "이건 ○○꺼야"라고 말하는 것을 들어보셨을 겁니다. 특히 형제자매가 없는 아이는 집안에 있는 물건의 소유권이 애매모호한 경우가 많습니다. 그렇기 때문에 집에서도 아이와 물건의 주인을 구분하는 연습을 할 수 있도록 도와주세요.

예를 들어 엄마의 휴대폰을 만약 아이가 묻지도 않고 가져가게 해서는 안 됩니다. 아이의 행동이 엄마에게 방해가 되지 않더라도, 묻지 않고 물건을 가져가는 것이 나쁜 행동이라는 것을 알려주서야 합니다. 혼을 내기보다는 빌려달라고 부탁하는 법을 가르쳐 주세요.

아이의 책을 엄마가 읽어줄 때, 아이와 놀기 위해 아이의 공을 만질 때도 먼저 물어봐 주세요. "엄마가 이 책을 봐도 될까?", "우리 이 공을 가지고 놀아볼까?" 하고요. 또한 아이가 동의하면, 고맙다고 말해주세요. 아이가 싫다고 하면, "괜찮아. 알겠어. 이해해" 하고 물건을 공유하거나 하지 않는 것은 그 사람의 선택이며, 정중하게 요청했더라도 받아들여지지 않을 수 있다고 알려주세요. 그리고 물건 주인의 선택을 존중해야 한다는 것을 이해할 수 있게 해줍니다.

02. 솔직하게 말하는 것의 중요성을 가르쳐주세요.

아이가 무의식적으로 타인의 물건을 쓰고 가져왔으면, 즉시 돌려주게 하세요. 아이와 친구에게 할 말을 미리 연습해보는 것이 좋습니다. 부모가 아이를 대신해 설명하기보다는 아이가 부끄러워하더라도 솔직하게 말할 기회를 주세요. "미안해. 내가 허락 없이 너의 물건을 썼어. 다시 돌려줄게"와 같이 말입니다.

　만약 물건의 주인이 어른이라면, 그 물건의 주인이 아이에게 기분을 설명해주는 것도 좋습니다. 아이가 허락 없이 물건을 쓸 때, 다른 사람이 어떤 기분을 느끼는지 알게 되면 다음에는 더 나은 결정을 내리게 될 것입니다.

Chapter 4

아이의
자존감이
흔들릴 때

①
아이가 눈떠서 잠들 때까지
계속 음식을 찾아요

6살 남자아이를 키우고 있어요. 그런데 아이가 식탐이 너무 심합니다. 밥을 다 먹은 후에도 틈만 나면 과일이며 과자며 먹을 것을 달라고 합니다. 이미 체중이 많이 나가는 아이여서 달라고 하는 대로 주자니 살이 더 찔까 봐 걱정이고, 안 주자니 아이가 스트레스받고. 자꾸 안된다고 하니 관계가 안 좋아질까 봐 걱정도 됩니다. 식탐이 심한 것이 심리적인 문제면 어떡하나 싶어 걱정도 되고요. 식탐이 심한 아이, 어떻게 케어하면 좋을까요?

성장기 아이가 잘 먹는 것은 좋지만 식사 사이에 간식을 많이 먹거나 과식을 하는 등 먹는 것에 너무 집착하는 것처럼 보이면 걱정될 수 있어요. 많은 부모가 아이의 행동이 걱정해야 할 문제인지, 아니면 아이가 크는 과정에서 생기는 일인지 궁금해합니다. 유독 먹는 것에 집착하는 아이, 이유가 무엇일까요? 또 어떻게 하면 과식을 피하고 건강한 체중을 유지할 수 있을까요?

음식을 시도 때도 없이 먹는 아이

아이가 음식 조절을 힘들어하는 이유를 알기 위해서는 먼저 생활을 관찰해야 합니다. 아이를 유심히 관찰하면 음식을 찾기 전에 반복되는 패턴을 찾을 수 있을 것입니다. 아이가 과식을 하고 또 지나치게 음식에 집착하는 데에는 크게 몇 가지 이유가 있습니다. 아이가 단지 배가 고프기 때문이 아니라 음식이나 먹는 행위에 대한 자제력 상실에 문제가 있을 수 있습니다. 아래의 4가지 요인을 염두에 두고, 아이가 음식을 조절하지 못하는 이유가 있는지 살펴보시기 바랍니다.

첫 번째 이유는 신체의 변화로 아이가 성장하느라 배고픔을 느끼는 것입니다. 배고픔은 우리 몸에서 음식을 찾고 먹으라는 신호인데, 어린아이의 식욕은 성장과 밀접한 관련이 있습니다. 아이들은 태어나서 약 18년 동안 성장하는 중이죠. 특히 유아기와 10대 시기에는 급격한 성장으로 인해 더 심한 배고픔을 느낄 수 있습니다.

두 번째로는 감각 때문에 아이가 특정 감각 추구를 음식을 통해서 하는 경우입니다. 어떤 아이들은 음식의 특정 냄새와 겉모양에 호감을 느껴 더 추구하고 싶어 합니다. 아이가 음식과 감각을 분리해 인지할 수 있도록 도와주셔야 합니다.

셋째로는 지루함입니다. 아이가 심리적으로 지루할 때 음식에 관심을 느낄 수 있습니다. 일반적으로 5~9세 아이에게 두드러지게 나타납니다. 지루함을 어떻게 해야 할지 몰라서 음식을 먹는 경우입니다. 또는 음식을 먹으며 불편하거나 부정적인 감정을 다스리는 것일 수 있습니다. 영양 섭취나 배고픔 때문이 아니라 편안함 또는 감정에 대한 반응으로 먹는 것이죠.

예를 들어 친구 생일파티에 초대받지 못해 슬퍼하던 아이가 엄마에게 아이스크림을 먹으러 가자고 제안할 수 있습니다. 이는 나쁜 반응이 아니지만 감정을 다스리는 편한 방식으로 음식을 선택한 것입니다.

넷째로는 결핍입니다. 만약 아이가 음식이 지나치게 제한된 환경을 경험했다면 감시하는 사람이 없을 때 음식을 찾고 싶어질지 모릅니다. 제한적인 식이요법과 아이의 먹는 양을 엄격하게 조절하는 것은 역효과를 일으켜 더욱 자주 음식을 찾게 되거나 과식으로 이어질 수 있습니다.

이렇게 해보세요

01. 신체의 변화로 음식을 찾을 때

배가 고프지 않도록 약 3~4시간마다 규칙적인 식사와 간식 일정을 미리 정해주세요. 아이와 함께 식단을 만들어 그것에 맞춰 먹도록 하면 음식에 대한 자제력을 키울 수 있습니다.

02. 감각 추구로 음식을 찾을 때

아이와 함께 몸에 좋은 음식을 맛있고 예쁘게 만들어보세요. 한 연구에 따르면 어린이와 청소년은 음식이 맛있어 보이면 더 맛보고 싶어 하는 경향이 있다고 합니다. 건강에 좋은 음식에 감각적인 매력을 더해 아이가 먹고 싶도록 만들어줍니다. 음식이 감각 추구의 대상에서 벗어날 수 있도록요.

만약 아이가 음식에서 특정한 감각을 찾는다면 그 감각을 음식 대신 다른 물건으로 바꾸도록 도와주세요. 아이가 부드러운 식감을 좋아한다면 부드러운 반죽을 갖고 놀 수 있는 시간을 매일 만들어 주는 것으로 도움을 줄 수 있습니다.

03. 지루함 때문에 음식에 집착할 때

아이가 자신의 감정에 솔직하고 건강한 선택을 할 수 있도록 격려해 주세요. 앞에서 본 예시처럼 파티에 초대받지 못해 슬퍼하는 아이에게 아이스크림을 주기 전에 먼저 아이의 감정에 공감해

주세요. "네가 친구 생일파티에 초대받지 못해 많이 속상하구나. 분명 모든 친구를 초대하지 못한 이유가 있을 거야. 속상해도 우리가 친구를 이해해 주자"라며 아이의 감정을 만져주세요. 만약 아이에게 정서적인 문제로 음식을 찾는 징후가 보인다면 아이와 마음을 터놓고 솔직하게 이야기하며 아이가 자신의 문제를 해결할 방법을 찾는 데 집중할 수 있도록 도와주세요.

04. 제한된 환경 때문에 음식에 집착할 때

과도한 제한으로 아이가 음식에 집착한다면, 제한하고 있는 음식을 정기적으로 적당량만 노출시켜 금지된 음식에 너무 집중하지 않도록 도와주세요. 제한하고 있는데 거꾸로 노출하라고 하면 아이에게 제시한 규칙이 무너지지 않나 걱정되실 텐데요. 이때 적당한 경계선이 필요합니다.

제한과 노출의 균형을 잘 유지할 수 있는 규칙을 만들어 아이가 스스로 자제할 수 있는 능력을 키울 수 있도록 해주세요. 일주일에 한 번 세 개, 하루에 사탕 하나와 같이 개수와 날을 정해 조금씩 노출해 주는 것이 아이에 집착을 줄이는 데 도움이 됩니다.

어릴 적 식습관은 아이의 건강뿐 아니라 발달에도 중요한 영향을 미칩니다. 부모는 아이들의 식습관을 형성하는 데 아주 중요한 역할을 하고요. 부모가 긍정적인 식사 환경을 조성하고 좋은 롤 모델이 됨으로써 아이는 건강한 식습관을 갖고 음식으로부터 자신을 제어하는 능력을 기를 수 있습니다.

②
편식이
너무 심해요

아이가 3살입니다. 어릴 적 이유식 할 때는 주는 대로 다 잘 먹었는데 어느 순간부터 고기를 거부하기 시작했어요. 어떤 때는 밥 먹기 싫다고 씹지 않고 물고만 있을 때도 있고요. 골고루 먹이고 싶은데 고기를 주면 먹다 뱉고, 더 먹어보라고 하면 울다 토를 하기도 해요. 어떻게 하면 좋을까요?

유아기에 아이가 특정 음식을 거부하는 것은 식사시간에 볼 수 있는 흔한 행동입니다. 보통 아이들은 새로운 음식을 6~7번 접하고, 10~15번 맛을 본 후 받아들인다고 합니다. 만약 아이가 한 음식을 지속적으로 거부한다면 부모가 조금 더 관심 있게 봐야 할 필요가 있습니다. 도대체 왜 특정 음식을 거부하는 걸까요?

편식이 심한 아이

아이가 갑자기 특정 음식을 거부하는 데는 여러 가지 이유가
있습니다.

첫째는 감각 예민입니다. 촉각, 냄새, 또는 미각이 과도하게 예
민할 수 있습니다. 만약 아이가 부드럽고 씹는 감촉이 없는 음식
을 거부하거나 반대로 부드러운 것만을 좋아한다면 이는 아이가
혀의 '촉각 방어(특정 촉각을 거부하는 반사적인 반응)'로 특정 음식을 피하
는 것일 수 있습니다.

촉각 방어의 행동을 하는 대부분의 아이들은 혀뿐만 아니라 몸
의 다른 부분에서도 촉각의 예민성을 보입니다. 아이가 몸의 접
촉, 머리 빗기, 모래놀이 등 촉각을 통한 경험을 힘들어한다면 촉
각이 예민한지 살펴보세요.

아이가 촉각이 예민하다면 그와 동시에 얼굴, 특히 입 주변의
자극에 방어적으로 반응할 것입니다. 얼굴에는 촉각 자극을 느끼
는 수용체가 많기 때문입니다. 이런 경우 아이가 거부하는 음식
은 식재료의 재질이나 입안에서 느껴지는 식감이 싫어서 방어를
하는 것입니다. 아이는 음식이 주는 감촉 자극에 대해 공격적이
거나 감정적인 반응(불쾌, 불안, 공포, 분노, 간지럼)을 보입니다.

둘째는 지각력입니다. 지각력은 감각을 통해 인지하는 능력으로 구강 지각력이 부족한 아이는 혀와 턱의 움직임이 불편하기 때문에 특정 음식을 피하는 것일 수도 있습니다.

야채나 고기 같은 음식을 효과적으로 먹기 위해서는 특정한 기술이 필요합니다. 효과적으로 씹기 위해 턱을 움직이고 혀를 사용해 어금니 표면에 음식을 위치시켜야 하고, 씹은 음식을 삼켜야 합니다.

지각 능력이 부족한 아이는 음식을 거부하거나 물고 있거나 뱉습니다. 또 심한 경우 토를 하기도 합니다. 아이 입장에서 그 음식은 먹는 것이 아니라 질식할 수 있다는 두려움을 주는 것일 뿐입니다. 이런 문제를 갖고 있는 아이들은 씹으면 잘 녹는 음식처럼 제한된 구강 운동만 하는 음식을 선호하는 경우가 많습니다.

셋째 이유는 맛 선호입니다. 단순히 아이가 맛이 싫어서 거부할 수 있어요. 또는 자신이 선호하는 음식으로 편식하는 것이 아니라 자신이 먹기 힘든 음식을 거부하는 경우도 있습니다. 이 경우 부모가 좋은 롤 모델이 돼 아이가 골고루 음식을 경험할 수 있도록 먹는 모습을 보여주는 것이 가장 좋은 방법입니다.

이렇게 해보세요

01. 거부감 없는 음식과 비슷한 재질부터 시작하세요.

촉각이 예민한 아이는 볶음밥 같은 안에 무엇이 들어있는지 예상하기 어려운 음식을 거부하기 쉽습니다. 그렇기 때문에 아이가 감각을 받아들일 수 있도록 하는 것이 중요합니다. 아이가 좋아하는 음식과 유사한 감촉을 가진 음식부터 받아들이게 해주세요. 그 다음 천천히 싫어하는 음식을 아이와 함께 요리하면서 접할 수 있게 해줍니다. 만약 아이가 부드러운 두부 같은 음식은 좋아하고 감촉이 거친 고기는 싫어한다면 부드러운 닭고기로 시작해 주세요.

아이에게 거울을 이용해 먹는 자신의 얼굴을 보게 하는 것도 좋은 방법입니다. 아이가 촉각이 예민해 특정 음식을 피한다면, 아이의 관심을 시각에 둬서 촉각 방어가 나타나는 것을 줄여주는 것이죠.

놀이를 통해 음식을 자연스럽게 접하게 해 아이가 거부하는 음식의 감각을 익히게 할 수도 있습니다. 아이가 한 주에 5~6번의 음식 감각 놀이를 할 수 있도록 도와주세요. 그 외 전동 칫솔을 사용하는 것도 도움이 됩니다. 전동 칫솔의 작은 진동을 통해 입안에서 감각이 느껴지는 것을 익숙하게 하면 촉각 방어를 줄일 수 있습니다.

02. 아이가 몸의 균형을 유지하도록 해주세요.

지각력 때문에 편식하는 경우에는 아이가 몸의 균형을 잘 유지할 수 있도록 아이가 앉은 식탁의자 밑에 발 받침대를 놓아주세요. 입안 지각력이 부족한 아이는 식사할 때 자신의 몸 위치에 따라 불편함을 느낄 수 있습니다. 아이의 팔꿈치가 식탁에 편안하게 놓일 수 있도록 적당한 높이의 의자에 앉히는 것도 중요합니다.

또한 한 번에 적은 양의 음식을 주어 아이가 그 음식에 적응하게 하고, 그다음에 더 달라고 요구를 할 수 있도록 이끌어주시는 것이 좋습니다. 이때 아이가 음식을 예상할 수 있도록 미리 음식의 느낌과 어떻게 씹어야 하는지 등을 설명하면 아이에게 도움이 됩니다. 예를 들어, 아이에게 "당근은 아주 딱딱해. 앞니로 깨물고 혀를 이리저리 움직여서 어금니로 작은 조각을 다시 여러 번 또 씹어야 해"라고 설명해주다면 아이가 구강 움직임을 설명처럼 따라 하려고 노력할 것입니다.

03. 함께 요리해 보세요.

단순히 아이가 그 맛이 싫어서 거부할 수 있어요. 요리를 함께 하면 아이가 싫어하는 음식을 한 번쯤 도전하도록 도와줍니다. 편안한 환경 속에서 자신이 만든 것을 먹으면서 아이는 선호하는 맛이 아니어도 작은 성공을 느낄 것입니다.

편식하는 아이에 대해 기억해야 할 중요한 사항은 아이가 부모를 화나게 하려고 그런 행동을 하는 것이 아니라는 점입니다. 그러니 아이가 특정 음식을 거부하거나 뱉는다고 혼내지 말아주세요. 식습관으로 아이를 혼내면 음식에 대한 부정적인 시각이 커져 오히려 안 좋은 습관이 더 악화될 수 있습니다.

나쁜 습관을
고쳐주고 싶어요

> 언제부턴가 아이 물건을 보면 끝부분이 뜯겨있었어요. 처음에는 대수롭지 않게 넘겼는데 가끔 아이가 책상에 앉아 있을 때 보면 자꾸 연필 끝부분을 물어뜯어요. 연필만 그런 게 아니라 손톱도 물어뜯고요. 물어뜯지 말라고 하니 보는 데선 조심하는데 안 보이는 데서 물어뜯네요. 아이의 물어뜯는 버릇 고쳐주고 싶어요.

아이가 손톱이나 주위 물건을 물어뜯는 버릇이 있다면 지금 고쳐주어야 합니다. 특히 손톱을 물어뜯는 것은 어린아이들에게 흔히 찾아볼 수 있는데 종종 성인이 돼서도 버릇이 지속되는 경우가 있습니다. 통계에 따르면 10세에서 18세 사이의 어린이 중 약 50%는 적어도 가끔 손톱을 물어뜯으며, 그 습관이 어릴 때부터 시작됐다고 합니다.

물어뜯는 아이의 행동을 고치려면

그렇다면 왜 아이가 손톱이나 물건을 물어뜯는 걸까요? 아이의 정서와 제일 연관이 크고요. 아이가 손톱을 물어뜯는 몇 가지 이유가 있습니다.

첫째는 불안을 조절하려는 행동일 수 있습니다. 아이가 불안할 때 어떻게 그 불안을 해소해야 할지 몰라서 자신도 모르게 조절하려는 행동이 물어뜯는 것으로 나타났을 수 있습니다. 또 스트레스, 불안, 지루함 때문에 무언가를 물어뜯는 경우도 있어요. 그 외에도 머리카락 꼬기, 코 파기, 엄지손가락 빨기 등 신체 중심의 반복적인 행동을 하는 경우도 있습니다.

둘째는 아이의 구강 감각과소 반응일 수 있습니다. 감각 과소 반응이란 작은 감각에도 예민하게 반응하는 감각 과민반응의 반대입니다. 아이가 어떤 감각을 느낄 때 만족하지 못하고 계속 다른 감각을 찾는 것이죠. 구강 감각의 자극을 찾아 손톱이든 연필이든 컵이든 자신의 주위 물건들을 물어뜯을 수 있습니다.

이렇게 해보세요

아이를 혼내기 전에 손톱이나 물건을 물어뜯는 이유를 파악하는 것이 중요합니다.

01. 아이에게 강박관념을 심어주거나 혼을 내지 않아야 합니다.

불안해서 물어뜯는 아이는 나무랄수록 더 긴장하고 불안해져 물어뜯는 버릇이 악화될 수 있습니다. 손톱 물어뜯는 버릇이 있는 아이에게 그의 손톱이 못생겼다고 말해서 고치려고 한다면 아이의 자존심이 크게 상하게 될 것입니다. 또 아이를 혼을 내서 고치고자 하는 것은 감정을 헤아리지 못하고 아이의 행동을 무조건 통제하는 것입니다. 내면에 있는 불안에 공감하고 아이에게 있는 심리적 요소를 제거하려고 노력해야 해요. 예를 들어 "손톱을 또 물어뜯는 걸 보니, 네가 지금 불안하구나. 손톱을 물어뜯는 대신 불안할 때 인형을 안아보자"라고 하며 마음을 먼저 이해해 주시기 바랍니다.

02. 주의를 다른 곳으로 옮겨주세요.

아이의 스트레스의 원인을 찾고 안심시킬 때, 주의를 다른 곳으로 옮겨보세요. 아이에게 부드럽고 물렁한 작은 공을 쥐여주고, 불안할 때 그것을 꼭 쥐고 피는 행동을 해보라고 권하는 것처럼요. 손에 향이 나는 로션을 발라주는 것도 좋은 방법입니다. 불안할 때 무의식적으로 물어뜯는 아이에게 의식적으로 다른 행동을 할 수 있도록 도와주세요.

아이의 손톱에 좋아하는 색 매니큐어를 말라주거나 좋아하는 캐릭터가 그려진 밴드를 붙여 아이의 관심사를 물어뜯는 것에서 다른 곳으로 옮길 수 있도록 하는 것도 도움이 될 수 있습니다

03. 간단하면서 안전한 놀이 도구를 함께 갖고 놀며 물어뜯는 행동을 대체할 수 있도록 도와줄 수 있습니다.

구강 감각 과소 반응을 보이는 아이에게 호루라기나 풍선, 하모니카처럼 입에 자극을 주며 놀 수 있는 도구를 주세요. 음악을 들으며 박자에 맞춰 호루라기를 불거나 풍선의 앞부분을 깨물었다가 풍선을 불고 던지기 놀이로 연결해 주세요.

영유아나 버릇이 심한 아이는 치발기나 부드러운 고무로 안전하게 만들어진 장난감을 줘서 손톱이나 불특정한 물건이 아닌 정해진 것으로 구강 자극을 받게 해주세요. 또한 딱딱한 크래커를 먹게 하는 것도 하나의 방법이 될 수 있습니다.

4

유튜브 영상에
푹 빠졌어요

> 유치원에 다니는 아이가 요즘 들어 TV나 유튜브 영상에 너무 빠져있는 것 같아 걱정입니다. 물론 코로나여서 바깥에 나가서 마음껏 놀지 못하니 그동안 많이 틀어줬어요. 이제는 너무 많이 보는 것 같아서 그만 보라고 하면 아이가 화를 냅니다. 좋은 미디어 콘텐츠를 통해 영어를 비롯한 학습에 도움을 받고 싶었는데 점점 자신이 원하는 영상만 보려고 해서 걱정입니다. 미디어를 적당히 볼 수 있도록 하고 싶은데 어떻게 해야 할까요?

미취학 아동들은 주변의 세상과 상호작용을 하면서 배웁니다. 아이들은 뛰고, 오르고, 공을 던지며 신체적으로 활동을 하고, 놀이를 통해 사물을 알아내고, 상상력을 펼치는 시간이 필요합니다. 물론 요즘에 많이 사용하는 미디어를 활용한 교육용 프로그램이나 게임도 아이의 발달에 도움이 됩니다. 그렇다고 너무 많은 시간을 미디어를 보는 데 쓰면 학습과 수면 문제로 이어질 수 있으며, 자기 조절 능력이 저하될 수 있습니다. 적정하게 교육용 영상을 통해 학습의 효과를 높이되 동시에 아이의 발달도 고려하여야 합니다.

특히나 이 시기 아이는 자기조절을 하지 못합니다. 시간을 조절하여 영상을 보지도 못합니다. 그래서 부모가 아이가 스크린 앞에서 보내는 시간을 제한할 필요가 있습니다.

전문가들은 18개월보다 어린아이에게 미디어를 보는 것을 권하지 않습니다. 2세에서 5세 사이의 미취학 아동은 하루에 1시간까지 양질의 교육 프로그램을 시청해도 좋습니다. 초등학생은 1시간 30분 정도의 미디어 사용을 권고하고 있고요. 여기서 중요한 것은 미디어를 보는 시간이 양질의 수면, 규칙적인 운동, 가족이 함께하는 식사시간과 같은 중요한 활동 시간을 대체하면 안 된다는 것입니다.

아이가 스스로 화면 시간을 조절하는 법을 배우는 것이 왜 중요한가요? 아이가 화면을 보는 시간은 어린아이들의 실행능력 또는 자가조절에 직접적인 영향을 미칩니다. 두뇌의 실행능력을 담당하는 부분은 6세 무렵 발달하기 시작하여 20세 초반까지 꾸준히 발달합니다.

한 연구에서 한 그룹의 아이들에게는 빠른 속도의 비현실적 미디어 콘텐츠나 느린 속도의 사실적인 콘텐츠를 보여주고, 다른 그룹의 아이들에게는 자유 놀이나 독서를 시켰습니다. 그 다음 하나의 과제를 주어 아이들의 자기 통제 능력을 시험했습니다. 책을 읽거나 놀이 활동을 한 아이들이 미디어를 시청한 아이들보다 충동적 자기 통제력에서 훨씬 더 높은 점수를 받았습니다.

과도한 미디어 노출은 아이의 사회성 기술과 학습 능력 발달에 좋지 않은 영향을 줄 수 있습니다. 미디어에 과하게 노출된 유아기와 미취학 아동들은 주의 집중력, 언어, 사회성 기술 발달 능력이 낮을 수 있다는 연구 결과도 있습니다. 과도한 디지털 콘텐츠 시청은 다른 사람과의 상호작용을 통해 많은 것을 배우는 어린아이들에게는 배울 수 있는 기회를 빼앗을 수 있습니다.

미디어에 집착하는 아이 행동을 바로잡기 위해

미디어 시간을 제한하려고 하니 아이가 공격적인 성향을 보인다면, 혹시 미디어에 중독되어 있는 것이 아닌가 걱정이 될지 모릅니다. 우리는 자신의 의지로 어떠한 행동을 멈추지 못 할 때 중독이라는 단어를 씁니다. 미디어 중독은 마약이나 알코올처럼 뇌에 영향을 직접적으로 미치지 않아 임상적으로 진단할 수 있는 것은 아닙니다. 엄밀히 말하면 인터넷이나 영상 같은 것에는 중독될 수는 없어요.

하지만 연구에 따르면 게임, 스마트폰, TV 시청에 너무 많은 시간을 쏟는 것은 불안이나 우울증과 높은 연관성을 보여줍니다. 매일 한 시간만 미디어를 시청해도 어린아이들은 호기심이 줄고, 자제력이 떨어지며 안정성이 낮아 어떠한 일을 끝내는 것에 어려움이 있을 수 있다고 말합니다.

아이가 무분별한 미디어 시청으로 정상적인 일상을 방해받고 있다면, 어쩌면 아이는 불안하거나 우울해하고 있거나 학습 장애가 있는 것일지 모릅니다. 불안하거나 우울한 심리를 아이가 미디어를 통해 보상받으려 하고 있는 것이지요. 아이 나름대로 자신의 우울, 불안을 줄이려는 노력인 셈입니다.

혹은 아이가 학습의 어려움이나 낮은 성적으로 인한 좌절감을 미디어를 통해 해소하고자 하는 경우도 있습니다. 게임을 하면 아이들은 각성이 떨어져 자신이 유능하다고 느껴 무기력에서 벗어나고자 게임에 빠질 수 있습니다. 아이의 행동을 중독이라고 단정짓기보다 집착을 하게 된 이유를 찾아야 합니다.

이렇게 해보세요

미디어에 제한을 두는 것은 쉬운 일은 아닙니다. 미국에서도 자녀를 둔 66%의 부모가 미디어 때문에 양육에 어려움을 겪었다고 합니다. 미디어 제한은 어렵지만 아이와 싸우지 않고 조금은 쉽게 할 수 있는 팁을 알려드리겠습니다.

01. 집안에 전자기기 없는 공간 만들기

휴대폰, 비디오 게임, 노트북, 아이패드 등 전자 제품이 허용되지 않는 공간을 설정해 주세요. 식사를 하는 공간에서는 아이와 부모 모두 전자기기로부터 멀어지는 독립적 공간으로 두고, 이를 다같이 지키는 것입니다. 어린아이들에게는 시각적으로 미디어를 금지하는 표시를 만들어 보여주세요. 가족의 규칙으로 정했어도 아이들은 지속적으로 인지하여 조절하기 어렵습니다. 다같이 정한 미디어 금지 공간에 미디어 금지 표시를 붙여 놓는다면, 식사 때에 영상을 보려는 아이의 생활패턴을 바꾸는 데 도움이 될 수 있습니다.

02. 화면 시간을 제한하는 이유를 아이에게 충분히 설명해 주세요.

아이가 너무 많은 시간을 미디어 시청으로 보내는 것이 걱정이라면 스크린 시간을 제한해야 한다는 것을 이해시켜주세요. 충분한 시간을 갖고, 깊은 대화를 나눠야 합니다. 아이가 왜 그것을 따라야 하는지를 이해한다면 정한 규칙을 거부감 없이 받아들이고 지킬 가능성이 훨씬 높아집니다.

하지만 아이가 자신에게 너무 한다고 느끼면, 아이가 규칙을 거부하거나 어길 가능성이 더 높습니다. 이때 화내지 않고 아이가 이해할 때까지 반복적으로 설명하는 것이 좋습니다. 아이의 나이에 맞는 프로그램을 선정하고 보는 시간을 제한하는 이유를 정확하게 이야기해 주세요. 아이에게 무분별한 노출의 위험에 대해 알려준다면, 아이가 화면 시간을 제한하는 이유를 이해하는데 도움이 됩니다.

하지만 만 5세 전 아이에게는 이유를 설명하는 것의 효과가 크지 않습니다. 어린아이일 경우 정한 시간에 끄게 하고, 만약 듣지 않는다면, "○○, 이제 태블릿을 꺼야 할 시간이야. 네가 끌래 아니면 엄마가 도와줄까?"라고 선택을 주는 식의 대화를 하는 것이 효과적입니다.

03. 정한 시간이 되면 알려주시고, 다른 활동을 장려해 주세요.

많은 게임, 영상 등에서 즐거움을 느끼고 있다면, 아이는 전자기기에 의존하기 쉽습니다. 그렇기 때문에 아이에게 시간이 되면 미리 알려주고, 화면이 필요 없는 활동을 하도록 장려해야 합니다. 예를 들어 "○○, 보던 프로그램이 끝나면 TV를 꺼야 할 시간이야, 그리고 간식 먹자" 또는 "게임 시간 5분 남았어. 그리고 우리 보드게임 하자" 밖에서 놀거나, 책을 읽거나 보드게임을 하는 것 등 아이가 흥미를 느낄 수 있는 활동을 찾아서 함께해 주세요.

04. 화면 시간을 권한으로 설정해 주세요.

미디어 시청 시간을 자신의 권리가 아닌 권한으로 설정하세요. 아이가 잘못을 했을 때, 아이의 특권을 빼앗는 방식으로 훈육하면, 아이에게는 스마트폰, 노트북, 또는 비디오 게임이 특권이 될 수 있습니다.

단순하게 아이에게 허용된 시간만큼만 보게 해주세요. 또 아이들이 보상으로 스크린 미디어 시청 시간을 더 벌 수 있도록 아이에게 허락하지 마세요.

05. 아이의 방 침실을 스크린이 없는 상태로 유지하세요.

아이가 보이지 않는 곳에서 미디어를 사용할 경우 부모가 아이의 화면 사용을 모니터링 할 수 없습니다. 이러한 이유로 아이의 침실에는 게임기, 컴퓨터, 스마트폰을 사용하 수 없도록 하는 것이 좋습니다. 과도한 미디어 노출은 또한 아이의 잠을 방해하기도 하니까요.

미디어는 적당한 시간을 조절하여 사용할 경우 학습을 강화하고 가족 간의 유대감을 강화시킬 수 있습니다. 핵심은 미디어와의 건전한 관계를 찾고 균형을 유지하는 것입니다. 만약 미디어 노출 때문에 가족 간의 갈등이 생기고 삶의 질이 떨어진다면 아이와 상의하여 꼭 조절하도록 합니다.

5
집중력이 너무 짧아요

아무래도 저희 아이가 어리다 보니 집중력이 짧은 것은 이해합니다. 하지만 정말 작은 일에도 집중력이 흐려집니다. 앉아서 공부하거나 책을 읽을 때뿐 아니라, 아이가 좋아하는 블럭 놀이나 게임을 할 때도 집중을 하지 못하고 작은 변화에도 흐트러집니다. 잘 놀다가도 갑자기 옆에 사람이 지나가면 "저기 사람이 간다"며 하고 있는 일과 전혀 관계가 없는 말을 합니다. 어리기 때문에 집중하는 시간이 짧은 걸까요? 아니면 지금부터 아이의 행동을 고쳐야 하나요?

미취학 아동들은 산만하고, 활동적이고, 충동적인 모습을 보이는 것이 매우 흔합니다. 그래서 어린아이의 경우 주의 산만함이 일상생활에 큰 영향을 미치지 않는 한 주의력 결핍 장애ADHD 진단을 받지 않습니다. 그래도 일부 아이들은 책을 읽거나 숙제를 하고, 색칠을 하는 조용한 활동에 집중하는 것을 어려워 한는 경우를 많이 봅니다. 제가 가르치고 있는 아이 중에도 주어진 일을 끝내지 못하고 작은 일에도 집중력이 쉽게 흐트러지는 아이가 있습니다. 집중력이 짧은 아이들은 매우 쉽게 지루하고 조급해합니다. 나아가 학습 활동에 대한 동기부여와 자기 주도성이 부족해지는 경향이 있기 때문에 이런 모습을 보면 부모의 입장에서는 걱정되는 게 당연합니다. 전문가에 따르면 보통 만 5세 아이는 여러 변수에 따라 다르지만 보통 10분에서 25분 동안 집중할 수 있어야 한다고 합니다.

집중 못 하는 아이는

집중에 어려움을 겪는 많은 아이가 ADHD와 연관되어 있기 때문에 교사, 부모, 의사가 이를 먼저 의심하는 경향이 있습니다. 하지만 이외에도 여러 원인이 있을 수 있습니다.

집중을 잘못하는 아이는 ADHD 외에도 과도한 스트레스, 트라우마, 학습 장애, 강박증, 불안 등의 이유가 있을 수 있습니다. 강박 장애가 있는 아이들은 종종 주의를 다른 곳으로 돌리는데 그래서 ADHD와 강박 장애는 일부 중복되는 증상을 공유합니다. 강박적인 생각을 가지고 있을 뿐 아니라 나쁜 일이 일어나는 것을 막기 위해 반복적으로 행동을 해야 한다고 느끼기 때문입니다. 예를 들어 아이가 수업 중에도 집중을 하기보다 사물을 질서

정연하게 혹은 대칭으로 만들어야 하는 강한 필요성을 느껴 집중을 못 할 수도 있습니다. 또한 트라우마를 가진 아이들은 편도체가 예민하기 때문에 작은 자극에 주의력 집중하기가 어렵고 과잉경계로 불안감을 보일 수 있습니다. 그래서 외상후스트레스장애 PTSD의 증상도 ADHD처럼 보이기도 합니다.

이렇게 해보세요

집중력을 향상시키기 위한 방법을 소개해드리겠습니다.

01. 아이에게 말을 할 때 눈을 바라보고 하세요.

아이들의 숙제나 활동을 이야기할 때 간결하고 단호한 문장으로 말하고 아이의 눈을 보고 전달하세요. 이것은 아이가 정확한 메시지에 집중할 수 있도록 도움을 줍니다. 또한 부모가 말하는 것을 잘 이해했는지 확인할 필요가 있습니다. 아이에게 엄마가 말한 내용을 물어보고 해야 할 일을 반복해서 말하도록 하세요. 이는 아이의 기억력과 듣기, 이해 능력을 향상시키는 데 도움을 줍니다.

02. 학습 시간 단축 및 한번에 하나의 작업 수행을 권합니다.

집중력이 짧은 아이들은 쉽게 지루해하는 경향이 있어서 모든 활동을 짧게 대충 하고 다른 일을 찾습니다. 한번에 많은 단계의 일이 주어지면 한 가지 일도 제대로 못 마치게 되죠. 가급적 아이에게 10~20분 동안 끝낼 수 있는 한가지 작업 혹은 활동에 집중하도록 도와주세요. 예를 들어 학교 숙제를 끝내고 악기 연습을 해야 한다면, 아이에게 한번에 모든 활동을 하라고 말하지 마세요. 아이가 최대한 집중할 수 있는 시간을 파악하고 그 안에 끝낼 수 있는 분량의 것만 말해주세요. 그리고 잠깐 쉬고 다음 해야 할 일을 알려주세요.

학교에 다니는 아이라면 해야 할 숙제에서 아이가 집중할 수 있는 시간만큼 분량을 나누고 그 안에 마칠 수 있도록 도와주시기 바랍니다. 그리고 아이가 끝낸 것에 대한 성취를 축하해 주세요. 진심이 담긴 칭찬이면 충분합니다. 지속적인 작은 보상이 드물게 주어지는 물질적인 보상보다 더 효과적입니다.

03. 쉬는 시간 휴식을 주고 움직이게 하세요.

공부하는 시간 사이에 아이가 휴식을 취할 수 있게 도와주세요. 짧은 집중력 때문에 작은 것에 자꾸 흐트러진다면 아이의 몸에 변화를 주어서 지속적으로 아이가 집중할 수 있게 도와주시는 것을 권합니다. 제가 가르치는 아이는 이 훈련을 지속적으로 하여, 수업 시간에 손을 들어 잠깐 일어나도 되는지를 허락을 받고 자리에서 일어나 수업을 듣는 아이가 있습니다. 물론 이는 아이의 집중력을 위해 담임 선생님과 함께 정한 그 아이만의 방법입니다.

또 집중력이 흐트러지면 충동적인 행동을 하는 아이가 있는데, 그 아이를 위해서는 쉬는 시간 중간에 작은 트램폴린에서 뛰게 했습니다. 두 아이 모두 향후 집중력이 향상되었고요. 아이가 잠깐이라도 몸을 움직이는 것은 아이의 다음 활동의 집중력을 높이는 데 도움이 됩니다.

6

아이가 자제력이
부족한 것 같아요

아이가 가게에만 가면 무조건 자기가 원하는 것을 사달라고 떼를 씁니다. 아이의 성질에 못 이겨 몇 번은 사주었는데 이제는 그것이 습관이 되었는지 자기 마음대로 되지 않으면 자신의 성화를 못 이겨 화를 내고 심한 떼를 씁니다. 아이는 충동적으로 주변의 물건을 집어 던질 뿐 아니라, 때리거나 침을 흘리기도 합니다. 이렇게 심한 떼를 쓸 때는 공격적으로 변하고 스스로 화가 주체가 안 되는 것처럼 보입니다. 어떻게 하면 좋을까요?

미취학 아이들은 자신의 감정을 말을 통해 표현하거나 조절하는 능력이 발달되지 않아 감정을 공격적인 행동으로 표현하기 쉽습니다. 이러한 행동은 종종 아이의 통제를 벗어날 때가 있죠. 처음에는 자신이 큰 감정(슬픔, 좌절 등)을 감당할 수 없다는 신호를 외부에 알리고, 그 감정에 압도당하면 스스로 조절할 수 없는 영역으로 가게 됩니다.

자기조절은 침착함을 유지하고, 큰 감정에 대처하고, 적응하고, 환경에 적절하게 반응하는 능력입니다. 그렇기 때문에 아이가 어릴 적부터 자기조절력을 키우고 자신의 마음을 잘 다룰 수 있도록 하여 원만한 관계를 유지하고 일상생활을 잘 할 수 있도록 도와주어야 합니다.

자기조절능력이 부족한 아이

만약 아이가 자기조절력이 약하면 여러 어려움을 겪고 있을 가능성이 큽니다.

첫째는 전환의 어려움이 있을 것입니다. 아이가 신나는 환경(놀이터, 파티 등)에서 벗어나는 데 어려움을 겪거나 방과 후 활동이 끝나면 집으로 가는 등의 변화를 받아들이지 못합니다. 또한 TV 등과 같은 미디어에 집착하기도 하죠.

둘째는 아이가 힘을 반복적으로 사용합니다. 친구나 형제자매랑 놀다가 쉽게 과격한 싸움으로 번집니다. 처음에는 아이의 툭툭 치는 장난을 치다가도 갑자기 거친 공격으로 변하게 되죠. 이러한 상황에서 자기조절력이 부족한 아이는 남을 경계하는 시간을 두지 않고 바로 감정을 가속하여 상황을 심각하게 만듭니다.

셋째는 공유와 사회적 규제를 적용하기 힘들어합니다. 친구와 장난감을 공유하는 데 어려움을 겪습니다. 친구와 교류하는 것 자체를 힘들어 합니다. 그렇기 때문에 많은 아이들이 친구의 행동을 잘못 해석하거나 사회적 교류의 신호를 놓치는 것이지요.

이렇게 해보세요

자기조절은 눈으로 보이는 형태가 아니라 아이들에게 가르치는 것이 쉽지 않습니다. 아이가 다루기 어려운 상황을 피하게 하는 것이 아니라 때에 따라 적용할 수 있는 프레임을 제공하는 것이 중요합니다. 아이는 자신이 하고 싶은 것을 못하게 되면 부정적인 감정을 느낍니다. 이럴 때 상황을 납득하고 대처하는 것은 훈련을 통해 습득해야 하는 부분입니다.

자기조절력을 키우는 것은 근육을 만드는 것과 같습니다. 부모의 도움으로 충분히 가능한 일이지요.

01. 깊은 숨쉬기로 충동적인 즉각반응을 잠깐 멈추도록 하세요.
아이가 자주 충동적으로 반응하면, 부모가 시간이 여유로울 때 아이와 가게에 방문해서 연습해보는 겁니다. 아이가 자신이 원하는 것을 얻고자 충동적인 즉각 반응을 하면, 아이의 행동을 멈출 수 있도록 도와주어야 합니다. 아이에게 "잠깐 우리 같이 크게 숨

쉬자"라고 말하여 즉각적 반응을 멈추게 합니다. 물론 깊게 숨을 내쉬며 스스로를 진정시키는 방법은 미리 연습해야 합니다. 코로 들이마시고 입으로 내쉬며 숨을 쉬는 연습은 아이의 무의식적인 충동을 의식적으로 바꾸는 가장 기본적인 방법입니다.

아이들이 하루아침에 이 방법을 적용하지 못한다고 낙담하거나 포기하지 마세요. 일관성있게 아이와 연습해야 합니다. 숨 쉬는 연습은 자가조절력을 키우는 시작 단계입니다. 매일 아이와 연습하세요. 아이가 조절력을 잃었을 때에 손가락으로 숫자를 세며 아이와 함께 심호흡을 하며 충동적인 행동을 멈출 수 있게 도와주세요. 그 후 아이가 진정되면 "○○ 하는 것은 안되는 거야" 하고 간단하게 훈육하여 잘못된 행동을 알려줍니다.

02. 자신의 모습을 성찰할 수 있도록 돕습니다.

아이가 조절력을 잃고 충동적이고 부적절한 행동을 했다면, 그 후에 침착하게 접근하여 아이에게 자신의 행동을 돌아볼 시간을 줍니다. 그럴 때 아이들은 그 상황에 더 잘 반응할 수 있습니다. 여기서 중요한 것은 아이에게 필요한 피드백은 비판적이지 않고 감정적이지 않아야 합니다. 영유아가 아니라면, 아이들은 스스로 무엇이 잘못되었는지, 왜 그런지, 그리고 다음에 어떻게 그것을 고쳐야 하는지도 답할 수 있습니다.

부모는 아이를 위해 자기 성찰과 인식, 자기조절하는 모습의 모범을 보일 필요가 있습니다. 아이를 훈육을 해서 지나치게 잘못된 행동만을 다그치듯 가르치는 것보다는 아이 스스로 생각하고 대답할 시간을 주세요. "오늘 가게에서 너의 행동은 어땠어?", "안 사준다고 화를 낸 것이 좋은 행동이었어?", "다음에 화나면 어떻게 해야 해?" 등의 질문을 통해서 다른 행동 방향을 제시해 주는 것이 아이의 조절력을 키우는 데 도움을 줄 수 있습니다.

7

아직 어린데
성에 관한 질문을 해요

요즘 들어 아이가 부쩍 성에 대한 호기심이 늘어났는지 자꾸 이상한 질문을 하기 시작했습니다. 얼마 전에는 친구와 의사 놀이를 하다가 성에 대한 호기심이 담긴 대화를 나누는 것을 듣고 깜짝 놀랐어요. 아직 6살 아이라 어리다고만 생각했는데 이런 호기심이 정상인지 앞으로 아이의 질문에 어떻게 답해줘야 하는지 궁금합니다.

부모가 자녀와 대화를 함께 나눌 때 옳고 그름의 차이를 이야기하는 것은 쉬울 수 있지만, 성에 대해 이야기하는 것은 어려운 경우가 많습니다. 어린아이들은 자신의 생식기를 포함한 신체 일부 부위를 만지고, 찌르고, 당기고 하면서 자신의 몸을 탐구하기 시작합니다. 이는 성적인 행위라기보다는 손가락과 같이 자신의 신체 일부를 탐구하는 것입니다. 하지만 아이에게 신체 부위와 하는 역할을 알 수 있도록 부모가 잘 인도를 해주어야 합니다.

그렇다면 어떠한 것이 정상적인 행동이며, 어떤 행동을 주의 깊게 보아야 할지 알아보겠습니다. 소아과 의사들은 만 2세에서 6세 사이의 아이가 공공장소 또는 사적인 장소에서 성기를 만지는 행위, 또래나 동생의 성기를 보거나 만지는 행위, 또래에게 성기 보여주는 행위, 타인에게 너무 가까이 서 있거나 앉아 있는 것, 또래나 어른들에 벌거벗은 모습을 보려고 하는 것 등은 정상적인 행동이라 말합니다.

성 호기심 자극이 강한 아이에게

아이들은 자연스럽게 자신과 타인의 신체부위를 궁금해합니다. 이는 아이의 정상적인 성장과 발달의 과정입니다. 보통 이러한 행동은 만 2세 무렵에 시작되어 7세 즈음 감소하는 경향이 있습니다.

대부분의 경우 아이가 성기에 관심을 갖는 것은 발달의 정상적인 부분이고 걱정할 필요가 없지만, 특정한 행동들은 스트레스의 반응이거나 학대를 당하고 있다는 신호가 될 수 있기 때문에 아이의 행동을 유심히 볼 필요가 있습니다.

아이가 자주 성적 행동을 하고 그 행동을 수정할 수 없을 때, 아이의 성적 호기심으로 자신이나 타인에게 정서적 또는 육체적 고통이나 부상을 입히는 경우, 신체적 공격성과 관련이 있거나 강제력을 수반할 경우, 성인의 성행위를 모방하는 행동을 할 때는 아이의 행동을 수정해 주셔야 합니다.

이렇게 해보세요

그렇다면 성적 호기심이 있는 아이에게 부모가 언제부터 알려 주어야 하고 아이에게 적절하게 자신을 몸을 보호하도록 가르치려면 어떻게 해야 할까요?

아이가 만 3세에서 5세 사이에 신체에 대해 가르치기 시작해야 합니다. 이 무렵 아이들은 성기(부모와 자신의 것)와 아이가 어떻게 태어나는지에 대해 호기심을 보입니다. 또한 자신의 성기를 탐색하기 시작할 가능성이 높습니다.

01. 정확한 신체 부위 용어를 사용해 주세요.

가슴, 엉덩이, 생식기 등 신체의 적합한 이름을 아이에게 가르쳐 주세요. 많은 부모가 어색해서 신체의 정확한 이름보다 다른 이름을 부릅니다. 만 6세 이상의 아이에게 '고추'나 '찌찌'보다는

'음경, '질' 등의 용어를 사용해 정확한 이름으로 표현하는 것이 좋습니다. 어려서부터 아이에게 신체와 그 역할을 아이 수준에 맞게 설명해 아이가 호기심을 갖는 것이 숨겨야 할 것이 아님을 알려주세요. 특히 저학년은 정확한 용어와 개념도 필요합니다. 생식기 기능에 대해 설명하는 것과 동시에 몸의 귀중함을 설명해 준다면, 아이에게 좋은 성교육이 될 수 있습니다.

02. 애정을 강요하지 마세요.

아이에게 포옹이나 뽀뽀를 강요하지 마세요. 할머니나 할아버지에게도 하고 싶지 않다고 말하는 것은 아이의 권리입니다. 특히 신뢰하는 어른의 부적절한 손길은 아이에게 혼란을 줄 수 있습니다. 아이가 원치 않는 경우 뽀뽀보다는 대신 악수를 할 수 있게 도와주세요.

아이의 몸이 자신의 것을 어릴 적부터 알려주는 것이 중요합니다. 그리고 자신의 몸을 스스로 보호해야 한다고 알려주시기 바랍니다. 자녀가 다른 사람에게 원치 않는 터치를 받았다면, 그것을 신뢰할 수 있는 어른 혹은 부모에게 말할 줄 아는 것이 매우 중요합니다.

03. 좋은 손길과 나쁜 손길을 설명해 주세요.

사람들이 서로를 위하고 돕는다는 것을 보여주는 방법으로 좋은 손길을 설명할 수 있습니다. 원하는 사람과의 포옹, 손잡기, 악수 등은 좋은 손길이고 아이가 사적인 부위를 때리거나 만지는 것처럼 불편하면 나쁜 손길이라고요. 이럴 때는 "아니오. 싫어요" 라고 말해야 하며 불편함과 혼란함을 주는 접촉은 상대에게 싫다고 말할 필요가 있다고 알려주서야 합니다.

04. 아이에게 확실한 규칙과 가이드 라인을 설정해 주세요.

사적인 부분을 보거나 만지는 것은 아무나 아무 곳에서나 해서는 안 된다고 가르쳐 주세요. 아이가 규칙을 잘 따르고, 이 가이드 라인을 염두에 둔다면 나쁜 손길을 더 즉각적으로 인식하게 될 것입니다. 아이가 나이가 들면 이 경계가 바뀌어야 할 수 있습니다. 초등학생이 된 아이가 이제는 무릎에 앉는 것을 원하지 않을 수 있습니다. 아이가 원하지 않는다고 말하면 바로 아이의 감정을 존중해 주시기 바랍니다.

05. 아이의 미디어 노출을 통제하고 적절한 대안을 제공해 주세요.

비디오 게임, 유튜브 영화 및 각종 프로그램을 보호자의 통제가 가능하도록 만들어두세요. 이는 아이가 의도치 않게 성적인 콘텐츠에 노출되는 것을 막을 수 있습니다. 아이는 그러한 콘텐츠를 우연히 보아도 그 사실을 말하지 않을 수 있다는 것을 인지하셔야 합니다. 그렇기 때문에 최대한 불필요한 미디어 노출을 통제하고 아이용 콘텐츠가 제공되는 것을 이용하시기를 권합니다.

예상치 못했던 아이의 질문이나 행동은 부모에게 불안감을 줄 수 있습니다. 그러나 이러한 상황은 아이가 얼마나 자랐는지 앞으로 어떻게 대처해야 하는지를 되돌아 볼 수 있는 좋은 기회를 제공합니다.

Chapter 5

아이가 조금
다른 것 같아
걱정됩니다

1

미용실 한 번 가기가
너무 힘들어요

> 32개월 남자 아이를 키우고 있어요. 어릴 적부터 원래 머리 감는 것
> 을 싫어했습니다. 지금은 조금 커서 덜 하지만 여전히 머리 자르는
> 것은 너무 싫어합니다. 100일쯤 배냇머리를 민 적이 있는데 그게 트
> 라우마로 남아 있는 걸까요? 아이가 왜 머리 감는 것과 자르는 것을
> 싫어하는지, 어떻게 하면 좋을지 궁금합니다.

    아이가 머리를 자르기 싫은 이유는 다양합니다. 윙윙거리며
돌아가는 기계 소리나 낯선 빗의 감촉 등이 큰 폭풍으로 느껴질
수 있죠. 유독 예민한 아이는 외부의 영향(트라우마)으로 인해 변했
을 수도 있고, 태어날 때부터 예민한 기질을 타고났을 수도 있습
니다.

머리카락 자르기 싫어하는 아이 행동 속에는

머리 자를 때 느껴지는 촉각을 비롯해 가위나 클리퍼(전동식 기계) 소리, 눈에 보이는 시각적 두려움 혹은 불안정한 자세나 중력의 변화 등 여러 감각에 예민하게 반응하는 것일 수 있습니다. 도대체 무엇이 아이에게 두려움과 걱정을 주는 걸까요? 또 어떻게 하면 두려움을 줄일 수 있을까요?

우선 아이가 힘들어하는 행동을 유심히 관찰할 필요가 있습니다. 아이가 머리를 누워서 감는 것과 그네 같은 것을 무서워한다면 전정계 중력 감각의 변화를 두려워하는 것일 수 있습니다.

머리를 감거나 머리카락을 자르는 것, 모자를 쓰는 것을 힘들어하고, 특정 옷을 피하거나 모래 놀이 등을 싫어하면 촉각 감각이 과도하게 예민하여 머리 자르는 것을 거부하는 것이라고 볼 수 있습니다. 연구에 따르면 20명 중 1명꼴로 감각 처리에 어려움을 갖고 있으며, 어린아이에게서 이런 증상이 훨씬 더 두드러진다고 합니다.

우리는 일상에서 무의식적으로 감각을 억제하거나 촉진해 감각의 균형을 맞춥니다. 감각 반응이 예민한 아이는 감각이 예민해지는 상황에서 이를 통제하려고 공격적이고 반항적인 행동을 합니다. 지속적으로 받아들이는 감각 입력을 조절하는 것에 자신의 에너지를 소모하게 되기 때문입니다. 반면 감각 조절이 원만한 아이는 어떤 감각의 위험을 느꼈을 때 그것을 탐색하고 문제를 인지하고 해결한 후 만족하는 식의 행동 양상을 보입니다.

감각이 예민한 아이가 아닌데 아이가 특정 상황에 심한 거부감이 있다면 예측할 수 없는 변화에 예민하게 반응하는 것이라고 판단할 수 있습니다. 많은 아이가 자신이 예측하지 못하는 것에 불안감을 느끼고 두려워합니다. 예측 못한 상황을 만났을 때 느끼는 감정은 평소와 다르게 저장됩니다. 지난번 경험이 떠오르는 상황이 되면 자신도 모르게 몸이 먼저 반응하면서 근육은 긴장하고 모든 신경이 예민하게 되는 것이죠.

예측 못한 변화에 예민한 아이라면, 아이가 상황의 변화를 원만하게 받아들일 수 있도록 일어나는 일을 예측 가능하도록 만들어주세요. 사진, 시각 자료, 소셜 스토리나 머리카락을 자르는 비디오 시청을 통해 아이가 사전에 미리 그 상황을 간접 경험하도록 도와줄 수 있습니다.

이렇게 해보세요

01. 감각이 예민한 아이는 미리 비슷한 감각에 익숙해지도록 도와주세요.

촉각이 예민해서 머리 감는 것이나 머리 자르는 것이 힘든 아이에게는 머리에 느껴지는 촉각을 인지할 수 있도록 도와주는 것이 중요합니다. 그래서 아이가 나중에 유사한 감촉을 거부감 없이 받아들일 수 있도록요.

아이의 머리를 빗겨줄 때는 빗기 전에 손가락으로 두피를 마사지해 주세요. 그 후 되도록이면 큰 브러시를 사용해 아이의 머리카락을 빗어주세요. 이때 지그시 눌러서 빗겨주면 아이가 자연스럽게 촉각을 경험하는 데 도움이 됩니다.

예민한 아이의 머리를 잘라야 할 때 가장 좋은 시간은 육체적 활동을 한 오후입니다. 신체 활동을 통해 감각을 정상화한 후에 해당 감각을 자극하는 것이죠. 아침에는 감각이 더 예민할 수 있으니 피해주세요. 예를 들어 10번 정도 제자리 뛰기를 하거나 수건으로 간단히 줄다리기하는 식으로 육체적 활동을 한 후에 머리를 손질하면 아이도 더욱 편하게 받아들일 것입니다. 머리를 감을 때는 아이가 편안한 자세를 도와주는 기구를 활용하는 것도 좋은 방법입니다.

02. 상황극이나 순서지를 만들어 정서적 두려움을 극복하게 도와주세요.

미용실에 가기 전 아이가 변화를 예측할 수 있도록 집에서 인형을 가지고 순서를 설명해 주세요. 장난감 가위로 머리를 자르는 상황극을 통해 일어날 일을 예측할 수 있도록 해보는 것도 좋습니다. 여기서 상황극을 할 때 아이가 느낄 수 있는 감각을 설명해주면 아이에게 더욱 도움이 됩니다. "잘린 머리카락이 눈에 닿으면 간지러울 거야", "잘린 머리카락이 옷 속에 들어갈 수 있어. 그럼 간지러워" 등 아이에게 감각적 느낌도 함께 더해서 말해주면 아이가 쉽게 이해할 수 있을 것입니다.

머리카락을 자르는 것은 아이에게 어려운 경험이 될 수 있습니다. 그러니 아이의 어려움을 이해하고 감각을 균형 있게 느낄 수 있도록 도와주시길 바랍니다.

03. 여러 각도의 거울을 보여주세요.

예측할 수 없고 자신이 확인할 수 없는 상황에서 아이의 두려움은 극대화됩니다. 그렇기 때문에 자신이 볼 수 없는 부분의 촉각과 소리는 더 참기 힘들 수 있습니다. 머리를 자를 때 거울을 사용해 머리의 여러 부분이 아이의 시각에 들어올 수 있도록 만들어 주시면 효과가 있을 것입니다.

여러 각도의 거울을 이용하면 감각이 분산되어 불안감을 줄이도록 도와줍니다. 또한 아이가 눈으로 상황을 보고 있어 자신의 감각을 통제하고 조절할 수 있게 해줍니다.

2

옷을 입기 싫어해서
나갈 때마다 전쟁이에요

아이가 유독 집에서 팬티나 옷을 안 입으려고 합니다. 유독 싫어하는 재질의 옷도 있고 모자나 헤어밴드 등은 절대 못하게 합니다. 그래서 외출하려고 할 때는 정말 전쟁이에요. 아이 옷 입히는데 실랑이를 하느라 진이 다 빠져요. 밖에 나가려면 옷을 입어야 한다는 것은 아는데, 자신은 입기 싫다고 합니다. 외출하기 전 아이 옷 쉽게 입히려면 어떻게 해야 할까요?

  촉각이 예민한 아이들은 모자 쓰기, 머리 빗는 것, 팬티 입는 것, 머리 자르는 것, 옷 입는 것에 유독 민감하게 반응합니다. 옷을 입는 일이 예민한 촉각을 가진 아이에게는 결코 쉬운 일은 아닙니다.

촉각이 예민한 아이는

우리 뇌 속에 있는 대뇌피질은 외부 자극을 인지하여 감각으로부터 받는 정보를 분석하고 전달하고, 균형을 이루고 조절하는 기능이 있어요. 하지만 어떤 아이들은 조절값이 남들과 다르게 유독 예민하거나 둔할 수 있죠.

이렇게 해보세요

이런 촉각이 예민한 아이라면 아래와 같은 순서로 아이를 옷 입혀보세요.

01. 촉각 방어를 줄이기 위해 옷을 입고 벗기 전에 마사지를 해보세요.

촉각 예민이 있는 아이들은 불편하지 않아도 모든 신경을 그곳에 집중합니다. 이때 아이의 집중된 신경을 쉽게 분산하는 방법은 아이의 몸을 주무르는 것입니다. 아이의 촉각 방어를 줄이는 데 효과가 있습니다. 부모의 손길을 거부하지 않는다면 아이에게 옷을 입히기 전에 가볍게 로션을 발라 마사지하면서 아이에 감각 방어로부터 불안함을 덜어 주는 것도 좋습니다.

02. 스스로 고르게 해주세요.

아이가 스스로 입고 싶은 것을 고르면, 옷을 입어야겠다는 내적 동기를 만들어 줄 것입니다. 자신이 고른 옷은 거부하지 않을 가능성이 높습니다. 아이의 선택에는 의지가 담겨있기 때문에 작은 불편함이 있더라도 아이는 극복하려고 노력합니다.

03. 행동을 돕기 위해 옷을 거울 앞에서 입히세요.

아이가 거울을 보면서 옷을 입으면 입는 동안 아이에게 불편함을 주는 촉각보다 거울에서 보이는 자신의 모습에 집중합니다. 거울을 보고 있는 아이에게 "머리가 쑥 들어가네. 이것 봐 이제 팔을 넣어볼까"와 같이 행동 순서를 언어로 표현해 주면 아이는 시각과 청각에 집중해서 촉각의 불편함을 피하려 하지 않을 것입니다.

04. 옷을 입고 벗을 때 각 단계에 이름을 붙여주세요.

그림으로 옷 입는 순서를 알려주세요. 단계마다 이름을 붙여 아이가 옷 입고 벗는 순서를 인지하면 더 수월해집니다. 몸 전체가 그려진 이미지를 두고 어느 것부터 입고 벗을지 고르게 하세요. 단계마다 편안하게 묘사하면서 "옷을 입을 때는 머리를 쑥 먼저 집어넣고 양손을 쭉 펴서 팔에 넣는다" 식으로 단계를 묘사하며 입을 수 있도록 도와주시기 바랍니다.

05. 자주 로션 마사지 놀이를 해주세요.

아이가 촉각이 예민해서 피부에 닿는 것을 거부감을 느낀다면, 아이에게 자주 여러 자극을 느끼게 해주세요. 로션과 같이 부드러운 것으로 시작해서 스폰지, 때수건 등 같은 다양한 감각이 느껴지는 물건을 피부에 닿게 하며 마사지 놀이를 해주세요. 손과 팔처럼 신체적으로 덜 예민한 곳으로 시작해서 조금씩 몸 안쪽으로 시도해봅니다. 그리고 마지막으로는 다시 로션을 이용해서 마사지로 끝난다면 아이는 기분 좋은 마사지 놀이를 했다고 기억할 것입니다. 부모가 놀이를 통해 여러 촉각 자극을 노출해 주면 아이가 부담없이 받아들일 수 있습니다.

3
큰 소리에 유독
예민하게 반응해요

아이가 어릴 적부터 조금 큰 소리에 잘 놀라며 크게 울었어요. 초인종 울리는 소리에도 민감하게 반응했죠. 큰 음악 소리를 들어도 거부감을 느끼며 힘들어하며 과민 반응을 보였는데, 요새는 시끄러운 장소를 가면 불안해하는 모습도 보입니다. 최대한 시끄러운 곳을 가지 않으려 하는 데도 학교에서도 소리에 집중 못 하고 쉬는 시간에 친구들이 내는 소리에도 예민해지고 소리를 지를 때가 있습니다. 어떻게 도와줘야 할까요?

일상적인 소리에 어떤 아이들은 강한 반응을 일으키는 경우가 있습니다. 작은 소리가 나에게만 크게 들리는 것 같고 너무 신경 쓰여 과민 반응을 하게 됩니다. 청각 과민증이 있는 아이들은 청각 감각 과부하를 경험합니다. 뇌가 처리해야 할 소리의 양에 압도되어 배경의 음악을 걸러 듣는 것을 어려워하고 때로는 일상에 집중하는 것조차 힘들어합니다. 빠른 음악이 나오는 곳에서 대화를 하면 대화 소리보다 음악 때문에 괴롭거나 심지어 아프다고 느끼기도 하지요. 소음 민감성은 사실 고쳐지는 것이 아니기에 청각 민감성을 가지고 있는 아이들은 불안에 시달리는 경우가 많습니다.

청각이 예민한 아이를 위해

청각적 과민반응은 귀의 특별한 구조나 치료가 필요한 상태가 아닌 경우에는 뇌가 소리를 적절하게 처리하지 못해 일어날 수 있다고 합니다. 소리를 수신하고 걸러내는 뇌의 편도체가 다르게 작용하는 것이지요.

주의 깊게 들어야 소리와 흘려들어도 되는 배경 소리를 결정하지 못하고 필요 이상으로 편도체가 소리에 주의를 기울여서 괴로운 것입니다. 편도체는 감정을 조절하는 곳이기에 불편함이 감정을 쉽게 동요하게 만듭니다. 소음때문에 극도로 불안감을 느끼거나, 화를 많이 내고, 울거나 떼를 쓰는 것으로 보입니다.

또한 자폐 스펙트럼 장애를 가진 아이 중에도 청각 필터링에 상당한 어려움을 겪는 경우가 많습니다. 슈퍼마켓이나 생일파티, 키즈 카페 등에서 아이가 소리에 압도되어 괴로워하거나 완전히

기진맥진하는 감각 과부하가 발생할 수 있습니다.

청각과민 반응의 아이는 특정 과민 소리를 들으면 불안하기 때문에 자신의 안전을 유지하기 위해 때때로 싸우고 도망가거나 멍하게 얼어버립니다. 투쟁도피반응이라고 하는데 우리 뇌가 자연적으로 몸을 안전하게 하기 위해 보호하는 메커니즘 현상입니다.

청각 자극에 힘들어하는 아이는 친구들에게 공격적으로 반응하고 대하거나, 특정 음악을 듣고 움츠리고 도망가거나, 갑자기 멍하게 얼어서 책상 밑으로 내려가는 행동을 보일 수 있습니다. 아이가 사회성 발달이 안되었거나 학교에 적응을 못 해서, 사람을 대하는 법을 몰라서 공격적인 문제 행동을 하는 것이 아닙니다. 아이는 단순히 소리를 피하고 싶을지도 모르지만, 그걸 견딜수 있는 능력을 키우는 것이 아주 중요합니다. 청각 민감성은 고칠 수 없어도 아이에게 일상에서 일어나는 일을 잘 대처하는 방법을 가르칠 수는 있습니다.

이렇게 해보세요

01. 아이를 과보호하지 마세요.

아이가 큰소리를 힘들어한다고 시끄러운 곳을 피하지 마세요. 청력은 많이 보호할수록 더 큰 공포와 불안을 불러일으킵니다.

그 두려움은 아이가 자주 회피와 짜증과 분노를 일으킬 가능성을 높입니다. 아이가 힘들면 부모도 힘든 마음을 이해하지만 지나치게 소리를 차단하려 하지 말아주세요.

예를 들어 어두운 방에 3시간을 앉아 있다가 햇빛 속으로 걸어나가면, 그 빛 때문에 눈이 아플 것입니다. 회피가 언제나 가장 현명한 방법은 아닙니다. 아이에게 서서히 노출시켜 거부감을 줄여주세요.

02. 싫어하는 소리에 단계적으로 아이를 노출시켜주세요.

소리를 피하지 말고 단계적으로 접하게 해주세요. 자기 조절 혹은 심호흡을 하게 하고 노출시키는 것도 좋습니다. 새로운 곳에 가기 전 미리 어떤 일이 일어날지, 어떤 소리가 들릴지 등을 알려줘서 예상할 수 있도록 도와주면 더 좋습니다.

아이와 영화를 보러 가서 "극장에 가면 깜깜해질 거고 스피커 소리가 클 거야"라고 미리 알려줍니다. 비슷한 상황을 미리 집에서 접하게 해주는 것도 도움이 됩니다. 주변에 화장실의 물 내리는 소리에 예민한 아이가 있습니다. 그 아이는 새로운 장소에 가면 꼭 화장실을 들려서 귀를 막고 물 내리는 소리를 먼저 확인한다고 합니다. 아이가 소리에 예민해서 새로운 장소를 불안해한다면, 체계적으로 노출시켜서 아이의 불안을 해소하게 하는 좋은 방법입니다.

03. 헤드폰을 사용해 보세요.

헤드폰을 쓰는 것만으로도 소리가 차단되는 효과가 있어서 아이가 불편해할 수 있는 소음 수준을 감소시켜줍니다. 이를 통해 주변 소리에 덜 자극받고 시끄러운 환경에서 견딜 수 있게 해 줍니다.

헤드폰은 도움이 되지만, 청각 감각과 동시에 촉감 감각의 과민을 보이는 아이에게는 헤드폰을 쓰는 것 자체가 힘들 수 있습니다. 꼭 헤드폰이 아니더라도 귀마개 등을 이용해서 소음을 감소시키는 것도 좋은 방법입니다.

04. 아이에게 도움의 경계를 말하는 연습을 시켜주세요.

친구들과 노는 것을 좋아하지만 빠른 음악 소리가 나는 곳을 싫어할 수 있습니다. 아이가 친구에게 "나는 너희와 노는 것을 좋아하지만, 이런 크고 빠른 음악이 나오는 곳은 불편해"라고 자신의 불편함을 솔직하게 얘기하도록 도와주세요.

05. 껌을 이용하세요.

아이가 바깥 소음에 신경 쓰기 시작하면, 근육이 긴장되기 마련입니다. 이때 껌을 씹게 해 몸의 긴장을 풀어주도록 하세요. 껌은 구강 자극을 해 아이의 감각이 청각에 쏠려있는 것을 분산시킵니다. 청각이 과민해 생기는 불편함을 조금 낮추는 효과가 있어요.

어떠한 전략을 선택하든 아이 스스로 실행하고 주변의 사람들이 일관된 반응으로 대해야 합니다. 가족과 선생님의 적극적인 도움은 아이의 불편함과 과민 행동을 줄이는 데 도움이 될 것입니다.

높은 곳을 무서워해서
그네도 타본 적이 없어요

아이가 유독 그네를 무서워해요. 그네뿐 아니라 높은 곳에서 노는 것을 싫어합니다. 구름다리나 정글짐에는 올라갈 시도조차 하지 않습니다. 그냥 겁이 많은가 싶기도 해요. 조금 지나 아이가 크면 조금 나아질까요?

대개 아이들은 그네를 좋아합니다. 놀이터에 가면 그네를 타려고 순서를 기다리는 아이들이 여전히 많고요. 그네는 아이들의 대근육 발달과 중력이 변하는 경험할 수 있어 아이 발달에 도움을 줍니다. 하지만 유독 그네를 무서워한다면, 전정계 중력 움직임에 예민하여 피하는 경우일 수 있어요.

중력 감각이 예민한 아이의 행동

아이가 그네를 특히 두려워한다면 무서워하는 것이 그네의 움직임인지 아니면 높이인지 생각해볼 필요가 있습니다.

1. 아이는 자동차 타는 것을 좋아하지 않을 수 있어요.
2. 그네와 같은 움직임을 회피합니다.
3. 발이 안 닿는 것을 무서워하여 높은 곳에 올라가는 것을 두려워합니다.
4. 만약 머리를 안아서 감는 자세(머리의 위치가 변화하는 움직임)를 싫어합니다.
5. 계단을 좋아하지 않거나 불안전한 자세와 균형을 보입니다.
6. 아이가 몸을 쓰는 활동에 서툴어 보입니다. (예: 자전거를 타는 것)

만약 아이가 그저 높은 것을 무서워한다면, 높이 올라가야 하는 것은 모두 피하려 할 것입니다. 전정 처리의 문제는 매우 미묘하지만, 계속 피하기만 한다면 발달에 부정적 영향을 미칠 수 있습니다.

이렇게 해보세요

전정계 감각의 예민으로 중력이 달라지는 것에 두려움이 있는 아이에게는 중력 변화를 서서히 익힐 수 있도록 해주세요.

01. 안정감을 주세요.

중력 감각이 예민한 아이는 발이 바닥에 닿지 않는 것을 무서워할 것입니다. 발이 땅에 안 닿으면 안정감을 못 느끼고, 컨트롤을 할 수 없어 더 불안해하죠. 그때는 아이의 발이 땅에 닿은 채로 그네를 타게 하거나 무게가 있는 가방을 매고 타거나 아이를 안고 그네를 타는 등 아이가 안정감을 느끼며 그네를 탈 수 있는 방법을 시도해 보세요.

그네 외에 아이가 식탁 의자나 변기에 앉을 때에도 무서워하는 경우가 있습니다. 이때도 마찬가지로 아이의 발이 땅에 닿게 해주세요. 발이 땅에 닿지 않는 높이면 발판을 사용해서 아이가 심적으로 안정감을 느끼도록 하는 것이 중요합니다.

02. 아이와 놀면서 이런 유형의 놀이와 시도를 강요하지 마세요.

전정계 과민반응은 아이 발달에 부정적 영향을 줄 수 있기에 얼른 극복했으면 하는 마음에 강요할 수 있습니다. 하지만 아이에게 안전하다는 믿음을 주고 배울 수 있게 기다려주세요.

'우리 아이는 왜 이렇게 서툴지?' 하며 늘 엄마를 힘들게 한다고 신경질 내지 마세요. 대신 체조 수업처럼 몸을 움직이는 수업을 듣게 해 뒹굴며, 기는 움직임을 아이가 익힐 수 있도록 도와주세요. 스케이트나 자전거, 줄넘기 등 균형을 잡아 전신을 다 쓸 수 있는 운동이 좋습니다.

5

말이 늦어 걱정돼요

아이가 3살이고, 유치원을 다닙니다. 어려서부터 말이 좀 느리긴 했는데 이제는 다른 친구들과 차이가 많이 나는 것 같습니다. 요즘 아이는 자기 말을 제대로 못 알아들으면 화를 많이 냅니다. 혹시 아이의 언어 발달 지연을 측정해 알 수 있는 방법이 있을까요? 또 가정에서 아이의 언어 발달을 도와줄 수 있는 방법을 알고 싶습니다.

언어 지연은 발달 지연의 가장 흔한 유형입니다. 5명 중 1명의 아이가 또래 아이들보다 늦게 말하거나 적은 단어를 사용합니다. 어떤 아이들은 그들이 필요로 하거나 원하는 것을 표현할 수 없어 좌절하기 때문에 행동 장애와 함께 나타나기도 합니다.

언어 발달을 측정할 수 있는 이정표는 무엇일까요? 아이들은 서로 다른 속도로 발달하지만, 그래도 특정한 나이에 꼭 해야 하는 특정한 지표와 같은 것들이 있습니다. 다음은 일반적인 언어 발달 이정표입니다. 평균적인 지표일 뿐이니 부모가 판단하기에 지표를 많이 벗어난다고 의심되면 전문가와 상담을 해보시길 바랍니다.

- 만 1~2살
  - 아이의 이름을 부르면 응답한다.
  - 손을 흔들어 인사한다.
  - 신체 부위를 물으면 가리킨다.
  - 새로운 단어 한 가지를 매주 배운다.
  - 억양이 있는 옹알이나 말을 한다.
  - 아빠한테 "빠" 엄마한테 "마"라고 한다.
  - 자주 보는 간단한 단어를 안다.

- 2살 이상
  - 책에 있는 그림을 가리킨다.
  - 단순한 지시를 잘 따른다.
  - 같은 두 단어 구절을 말한다("아빠 가", "인형 내 꺼").
  - 절반의 다른 사람들이 아이의 언어를 이해한다.
  - 50~100개의 단어를 말할 수 있다.

- 3~4살
  - 자신의 이름과 나이를 말한다.
  - 간단한 질문에 답변한다.

> · 5~6개의 단어로 된 문장을 말하고, 4세에는 완전한 문장으로 말한다.
> · 과거와 미래의 단어를 사용하고 구분한다.

말이 느린 아이를 위해

아이의 언어 지연의 가장 일반적인 원인은 난청, 전체적 발육의 지연, 지적 장애, 부모나 어른들과의 대화 부족, 자폐증, 선택적 함구, 뇌성마비, 이중언어 사용 등의 영향이 있을 수 있습니다.

이렇게 해보세요

01. 아이의 필요를 예상하고 행동하지 마세요.

부모는 아마도 아이가 손가락질을 하거나 투덜거리거나 우는 등 비언어적 의사소통을 할 때 아이가 왜 그렇게 하고 무엇을 원하는지 잘 알고 있을 것입니다. 어쩌면 아이가 요구하기 전에 부모가 먼저 알아채고 해주는 경우도 있겠지요. 하지만 부모의 이같은 행동은 아이의 언어 발달에 도움이 되지 않습니다.

아이가 자신이 필요한 것을 말할 때까지 지켜보고 기다려주세요. 이는 아이의 필요를 무시하라는 것이 아닙니다. 아이가 원하는 장난감이 있을 때 아이 대신 꺼내주는 것이 아니라 "무엇을 원하니?" 묻고 기다리며 아이가 필요로 하는 것을 말로 표현하도록 돕는 것입니다.

02. 간단한 수화를 집에서 사용하세요.

아직 언어를 사용하지 않는 아이(언어 지연이 의심되는 아이)와 수화를 사용하면 소통을 도울 수 있습니다. 이 아이는 의사소통으로 자신의 원하는 것을 얻을 수 있다는 것을 경험해 보지 못했습니다. 원하는 것을 표현하고자 할 때 손짓발짓을 사용하더라도 의사소통이 됐다면 아이에게 큰 동기 부여가 될 것입니다. 그러니 언어 지연을 겪는 아이에게 간단한 수화를 알려주고 이것을 집에서 사용하도록 도와주세요.

03. 단계를 나눠서 시켜주세요.

언어 지연이 있는 아이들은 긴 말을 이해하는 데 어려움을 겪습니다. 무언가를 알려줄 때 는 단어를 적게 사용할수록 좋습니다.

예를 들어, "○○야, 네 침실로 올라가서 엄마 빨간 신발을 가져와 줄래?" 대신 "○○, 엄마 신발 가져와 줘"라고 말합니다. "저녁 시간이야. 텔레비전 끄고 이리 와서 네 자리에 앉아" 대신 "텔레비전 끄고 밥 먹자"라고 단계를 줄여서 나눠 말합니다. 또한 아이가 신발을 신고 가방을 메고 문 앞에 서 있도록 하고 싶다면 아이에게 "먼저 신발, 다음에 가방"과 같이 간단하게 지시를 전달할 수 있습니다.

04. 짧고 간결한 문장을 사용하세요.

일반적으로 아이와 대화할 때는 아이가 사용하는 문장 수준에 맞추거나 조금 어려운 수준의 문장을 사용해야 합니다. 한 번에 한 단어만 사용해 대화할 때 한 단어를 사용하고 간단한 두 단어도 포함하세요. 아이가 한두 마디 말만 할 수 있다면 이보다 훨씬 긴 말을 이해하지 못할 가능성이 있습니다. 그렇다고 아이 수준으로 만 대화를 한다면 발달을 꾀할 수 없기 때문에 말의 수준을 조금씩 높이는 방법을 보여주세요. 아이가 사용하는 문장보다 훨씬 길고 복잡한 문장은 아이가 하나도 이해하지 못할 거라는 것을 명심하세요.

05. 모든 물건과 아이의 행동을 서술하세요.

이것은 언제 어디서든 할 수 있는 방법입니다. 언어 지연이 있는 아이들은 사물의 이름을 인지하는 데 어려움을 겪습니다. 모든 것에 아이가 이름을 붙여 어휘력을 향상시킬 수 있도록 도와주세요. 예를 들어 아이가 우유를 마시는 행동을 한다면 "우유 마셔", 공을 차는 행동에 "공을 차"처럼 아이의 동작을 말로 서술하면 아이의 언어 발달에 큰 도움을 줄 수 있습니다.

06. 책을 읽을 때 글에만 너무 집중하지 마세요.

부모가 아이에게 책을 읽어 줄 때 글에만 집중하는데 이는 좋은 방법이 아닙니다. 아이가 다음 장으로 넘길 것을 요청할 때까지 기다리고, 책에 있는 것들을 충분히 보여주세요. 책의 그림이 고양이가 자는 모습이라면, "고양이", "잔다"라고 책에 있는 사물과 행동을 간단하게 묘사도 해주세요.

아이에게 스토리를 알려주는 것도 중요하지만 언어 지연인 아이는 스토리에 집중을 하지 못할 수 있기 때문입니다. 스토리보다는 그림의 사물과 행동 묘사를 통해 아이의 관심을 갖게 하는 것이 더 중요합니다.

때때로 언어 지연은 청력 손실, 다른 영역의 발달 지연, 자폐 스펙트럼 장애를 포함하는 여러 부분에 문제가 있다는 신호일 수 있습니다. 또한 유아기의 언어 지연은 학습 문제의 징후일 수 있습니다. 그렇기 때문에 언어 발달이 걱정된다면 꼭 전문가에게 상담을 받기를 추천합니다.

6
소근육 발달이
느린 것 같아요

> 어려서부터 아이가 잘 넘어지는 경향이 있었습니다. 첫 아이라 위험한 물건을 노출하고 싶지 않아서 가위질도 집에서는 못하게 했어요. 그래서 그런지 가위질도 또래에 비해 많이 서툴고, 유치원에서 손으로 하는 활동이 서툰 구석이 있습니다. 또 들고 있는 물건을 자주 떨어뜨리고요. 이거 아이의 발달에 문제가 있는 건 아니겠죠?

우리 몸에서 소근육은 태어나 6개월부터 발달이 시작됩니다. 소근육은 몸에 있는 작은 근육으로 정교한 움직임을 만드는데 손가락으로 물건을 집거나 연필로 글씨를 쓰고 퍼즐을 맞추고 가위질을 하는 등을 할 때 사용됩니다.

4살 전까지는 아이의 소근육이 활발하게 발달하고 있는 시기라 실수하고 물건을 떨어뜨릴 수 있어요. 하지만 만 4살 무렵부터는 자주 물건을 떨어뜨리고, 가위질이 너무 서툴고, 단추나 작은 물건을 집는 것을 어려워하는 아이에게 "너는 왜 자꾸 물건을 떨어뜨려?", "물건 꽉 안 잡을래?", "또 떨어뜨렸어?"라고 혼내는 경우가 많습니다.

소근육 발달을 도와주려면

소근육 운동 발달 지연은 아이의 나이에 비해 손, 손가락, 손목, 혀, 입술, 발, 발가락 등을 사용하는 능력의 발달이 지연되었다는 의미입니다. 주로 발달 지연 아이에게서 보이는 경향이 있습니다.

1. 손에 든 도구를 자꾸 떨어뜨린다.
2. 빗을 다루지 못한다.
3. 연필을 약하게 잡고, 세게 쥐는 걸 힘들어한다.
4. 움직임을 수행하고 조절하는 것을 힘들어한다.
5. 가위질이 서툴다.
6. 단추나 작은 물건을 집기 어려워한다.

아이가 소근육을 사용해 작업을 하려면 눈으로 물체를 보고, 근육과 관절 등 몸의 정보를 적절히 받아 처리해야 합니다. 신체의 움직임과 힘을 조절해야 소근육을 완벽히 활용해 작업을 할 수 있는데, 이 정보를 처리하는 능력이 약한 아이가 있어요.

- 만 2세
  - 작은 블록으로 타워를 쌓거나 배열할 줄 안다.
  - 뚜껑을 연다.
  - 숟가락을 사용한다.
  - 책장을 넘긴다.
  - 선을 그릴 수 있다.

- 만 3세
  - 10개 이상의 블록을 쌓을 수 있다.
  - 원을 그릴 수 있다.
  - 가위로 종이를 자른다.

- 만 4세
  - 작은 버튼을 누를 수 있다.
  - 연필을 쥐고 글씨를 쓰거나 그림을 그릴 수 있다.

위의 행동이 가능하면 아이의 소근육이 정상적으로 발달했다는 의미입니다. 아이가 유독 연필잡는 게 서투르다면, 아이의 손에 있는 소근육이 덜 발달된 것이고요.

소근육 발달이 더디게 되는 이유는 여러가지가 있지만, 일부 아이들은 운동 장애나 뇌와 근육을 동시에 사용하는 것에 어려움을 겪는 경우가 있습니다. 또한 조산이나 자폐, 시력 문제 등도 영향을 주는 요인이 될 수 있습니다.

이렇게 해보세요

01. 비눗방울, 풍선 잡기, 플레이도우 찰흙 놀이, 슬라임 등을 사용해 놀아주세요.

눈과 손을 함께 사용하는 놀이를 통해 아이의 부족함을 채울 수 있습니다. 영유아의 경우 움직이는 비눗방울을 손가락으로 터트리는 것도 효과적입니다. 아이가 손을 많이 움직이는 플레이도우 놀이도 추천합니다. 또 컵에 선을 그은 후 그 선에 맞춰 물을 부으며 놀아보세요. 아이가 눈과 손을 함께 이용해야 하는 것이므로, 아이의 소근육과 시각적 처리 능력을 키우는 데 도움을 줍니다.

02. 식탁을 차리고 닦는 작은 집안일도 아이와 함께해보세요.

아이들은 엄마가 하는 집안일을 보고 그 일에 함께하기를 원합니다. 집안일과 같은 손이 많이 가는 작업을 아이와 함께하는 것은 아이에게 협동심을 키워주고 소근육 발달에 좋습니다. 흔히 아이와 함께 집안일을 하면 어지럽고 더 오래 걸리기에 가만히 있는 게 도와주는 거라고 말하곤 합니다. 하지만 아이와 식사 후 식탁을 닦든지, 식사 전 수저를 준비하든지, 빨래를 개는 등의 집안일은 일상에서 쉽게 아이의 소근육 운동을 도와줄 수 있습니다. 또 아이에게 역할을 주고 책임을 부여해 아이가 독립심을 갖도록 도와줄 수 있습니다. 나아가 아이는 자신감과 자존감도 기를 수 있어요.

7

아이가 너무 산만하다는
연락을 받았어요

요새 8살 아들 때문에 걱정이 큽니다. 어릴 적부터 많이 산만한 편이었어요. 요즘 학교에서도 멍하게 있거나 집에서도 숙제나 집안일을 할 때 쉽게 산만해져 끝내지를 못합니다. 때론 안절부절 못하는 행동을 해서 아이가 주의력 결핍인지 걱정이 돼요. 이럴 경우 어떻게 해야하며 혹시 부모가 할 수 있는 일은 무엇이 있을까요?

ADHD는 주의력 결핍 과잉 행동 장애Attention Deficit Hyperactivity Disorder로 예전에는 ADDAttention Deficit Disorder과 ADHD를 구별했지만, 현재는 모두 ADHD로 불립니다. ADHD는 흔하게 나타나는 어린이 정신건강 질환 중 하나입니다. 미국 아동의 9.4%(약 600만 명)가 ADHD를 앓고 있는 것으로 추정되고, 여자아이보다 남자아이에게 더 흔하게 나타납니다. ADHD를 앓고 있는 사람은 주의력에 영향을 미치는 두뇌 발달과 뇌 활동, 가만히 앉아 있는 능력, 자기조절력에서 차이를 보입니다. 그렇기 때문에 학교, 가정, 그리고 친구와의 관계에 영향을 미칠 수 있습니다. ADHD의 원인은 명확하지 않으나, 유전된다는 연구도 있습니다. 아이가 ADHD가 의심된다면 소아과 의사, 정신과 의사, 아동 심리학자와 같은 전문가들을 통해 검사를 받을 수 있습니다.

ADHD 아이에게 줄 수 있는 도움

ADHD는 크게 세 가지로 분류됩니다. 부주의, 충동성과 과잉 행동, 부주의와 과잉 행동의 두 가지 결합입니다.

- **부주의 유형**
  - 산만함
  - 잦은 건망증
  - 다른 사람이 말할 때 세부 사항에 주의를 기울이거나 경청하는 데 어려워 함
  - 업무 또는 활동에 집중하기 어려움
  - 지침을 따르고 작업을 완료하는 데 문제가 있음
  - 초점을 잃거나 숙제와 같이 오랜 기간 정신적 노력이 필요한 작업을 미루는 경향
  - 일상생활에 필요한 것들을 잃어버리는 경향

- 충동성 유형

  · 조용히 앉아 있거나 가만히 있기 어려움

  · 기다리는 것을 어려워함

  · 자주 손발을 만지작거리거나 두드림

  · 학교에서 앉아 있는데 어려움을 겪음

  · 부적절한 상황에서 뛰거나 기어오르는 경향

  · 누군가가 질문을 끝내기 전에 대답하는 습관

  · 다른 사람과의 대화와 활동을 방해

  · 허락 없이 다른 사람의 소지품을 사용

- 복합적 유형

  · 부주의 유형과 충동성 유형이 모두 보임

이렇게 해보세요

ADHD에 도움을 줄 수 있는 팁으로 네 가지를 나누겠습니다. ADHD를 가진 아이를 양육할 때는 조금 다른 방식이 필요합니다. 아이의 증상과 심각도에 따라 정상적인 생활이 거의 불가능한 경우도 있기에 ADHD로 인해 발생하는 문제에 대처하는 것이 때로는 힘들고 답답할 수 있지만, 사랑하는 내 아이를 위한 양육 방식을 만들기 바랍니다.

01. 우리 아이만의 행동 개입 계획Behavior Intervention Plan을 만들어 보세요.

행동 개입 계획은 아이의 행동이 학업에 영향을 줄 경우 문제 행동을 교정할 수 있는 아이만의 지침서입니다. 학기초에 담임교사에게 전달하고 아이의 문제 행동, 행동의 이유, 문제 행동을 대체하고 줄이는 방법, 새로운 행동을 가르치고 강화하기 위한 전략과 가능한 행동 목표를 적어둡니다.

물건을 던지는 행동을 하는 아이가, 어떤 상황에서 물건을 던지는지를 관찰해서 이유를 적고, 던지는 행동을 줄이기 위한 다른 대체 물건(슬라임, 고무 공 쥐기, 피젯 장난감)을 사용하거나 행동에 개입합니다. 그리고 나서 아이가 물건을 던지려는 순간마다 다른 대체 전략을 연습시킵니다.

여기서 중요한 것은 첫 번째는 좋은 행동을 장려하고 보상하는 것입니다. 두 번째는 나쁜 행동에 적절한 결과를 따름으로써 나쁜 행동을 없앨 수 있게 하는 것입니다. 규칙을 따르지 않을 때 발생하는 명확한 결과를 설정하여 다른 결과가 있다는 것을 이해하도록 가르칩니다. 계획을 세우고 아이 주위의 사람들과 공유해서 아이의 행동을 수정하기 위해 일관성을 보여줘야 합니다. 같은 문제 행동에 대처하는 법을 학교와 가정, 학원 등에서 하나의 방법으로 통일하면 더 효과적일 것입니다.

02. 해도 되는 행동과 하면 안 되는 행동을 정합니다.

행동 수정의 목표는 자녀가 행동의 결과를 고려하고 행동에 따라 하고 싶은 충동을 조절할 수 있도록 돕는 것입니다. 여기에는 부모의 공감, 인내, 애정 그리고 에너지를 필요로 합니다. 먼저 부모가 아이의 어떤 행동을 받아줄 것인지 그렇지 않을 것인지를 결정해야 합니다. 그리고 한번 정한 지침을 지속적으로 고수하는 것이 아주 중요합니다. 안되는 행동을 하루는 벌을 주고, 다음 날은 허락하는 것은 아이에게 도움이 되지 않습니다.

규칙은 간단 명확해야 하며 아이에게 그것을 따르는 것에 대한 보상 또한 있어야 합니다. 아이와 집안의 규칙 목록을 만들어서 보기 쉬운 곳에 두시길 바랍니다. 반복과 긍정적인 강화는 아이가 그 규칙을 더 잘 이해하도록 도울 것입니다.

03. 공격적인 행동은 관리가 필요해요.

ADHD 아이들이 공격적으로 폭발하는 행동은 흔한 문제입니다. 그럴 때 타임아웃은 부모와 아이를 진정시키는 효과적인 방법입니다. 아이는 열을 식히고 자신의 부정적인 행동에 대해 생각해볼 수 있는 시간을 보내도록 설명해 주세요.

아이에게 벌을 주는 시간이 아닙니다. 부모와 아이 서로 과한 감정을 진정시키고 생각하는 시간입니다.

아이에게 "그만" 단호한 목소리와 자세로 아이 행동을 멈추게 하세요. 그 후 심호흡을 하며 진정하고 아이의 몸부림을 치거나 화를 내는 행동은 무시하세요. 이때 "그만", "진정할 때까지 기다릴게" 하고 아이를 기다려주세요. 하지만 함께 정한 규칙에 어긋나는 파괴적인 행동은 혼을 내야 합니다. 아이가 진정 후 자신의 행동의 결과를 책임질 수 있게 처벌에 관한 규칙도 만들어두세요.

아이가 많이 흥분한 상태에는 "안되는 건 안 돼"라고 아무리 말해도 별 효과가 없습니다. 심한 흥분상태일 때 아이는 이성적 판단이 불가능합니다. 아이가 다치지 않게 주위를 살피고 옆에서 기다려주는 것이 최선입니다.

04. 어떤 일을 할 때는 실현 가능한 작은 일로 만들어 주세요.

아이가 목표를 정하고 이루어야 한다면, 큰 벽걸이 달력을 사용해보시기 바랍니다. 아이가 해야 하는 일을 실현 가능하도록 조금씩 나누고 아침 저녁으로 나눕니다. 만약 아이가 해야 할 세가지 일 중 두가지를 했다면, 완성하지 않은 하나에는 융통성도 보여주세요. 너무 작은 단계를 다 이루려는 것에만 집중하다가는 아이와 힘겨루기 싸움으로 번지기 쉽습니다.

05. 아이의 운동을 장려하고 수면 패턴을 조절하세요.

신체 활동은 아이의 에너지를 건강하게 소모하게 합니다. 충동성을 감소시킬 뿐 아니라 집중력을 향상시키고 불안의 위험을 줄여주고, 건강한 방법으로 뇌를 자극하는데 도움을 줍니다. 많은 ADHD의 아이들이 잠자는 시간 때문에 어려움을 겪습니다. 수면 부족은 부주의, 과잉활동을 악화시키니 건강하고 안정된 취침 루틴을 만들어주세요.

ADHD의 자녀를 키우는 부모는 아이가 다른 아이들의 뇌와 기능적으로 다르다는 사실을 받아들여야 합니다. 아이가 되는 행동과 안되는 행동을 배울 수는 있지만, 이 아이들은 충동적인 행동에 더 쉽게 반응하게 합니다. 진단을 통해 약물 치료뿐 아니라 아이의 증상을 관리하기 위한 지침을 만들고 지키며, 아이가 ADHD로 인해 일상에서 겪는 문제들을 극복하도록 도울 수 있습니다.

8

공부에 관심이
하나도 없어요

> 7살 남아입니다. 평소에는 문제가 없는데 유독 공부할 때는 문제가 보여요. 쉽게 집중력이 흩어지고 학습에 관심이 없으며, 특히 수학이나 글 읽기를 힘들어합니다. 그래서 아이가 ADHD는 아닐까 걱정이 되기도 합니다. 이 아이를 위해 도와줄 수 있는 방법이 있을까요?

학습 장애Learning Disabilities는 정보를 보내고, 받고, 처리하는 뇌의 능력에 영향을 미칩니다. 학습 장애가 있는 아이는 읽기, 쓰기, 말하기, 듣기, 수학적 개념 이해, 일반적인 이해에 어려움을 겪습니다. 학습 장애에는 난독증, 난산증, 통합 운동 장애, 실행 장애 등이 포함됩니다. 미국 통계상으로는 5명 중의 1명이 학습 장애를 지니고 있다고 합니다.

학습 장애는 집중해서 일을 끝내는 것이 쉽지 않기 때문에 주의력결핍장애ADHD로 오인하는 경우도 있습니다. 사실 ADHD인 아이들의 30~50%가 학습 장애를 갖고 있다는 연구도 있습니다.

미국에서는 특수교육을 받는 아동의 33%가 이 학습 장애가 있는데 한국의 특수교육 대상자 현황을 보면 학습 장애는 1.3%으로 미국과 비교해서 현저히 낮습니다. 이는 학습 장애를 겪는 많은 아이들이 ADHD로 분류되거나 그저 공부 못하는 아이로 분류돼 체계적인 진단과 교육을 받을 수 없는 지원의 사각지대에 놓이기 쉽다는 의미기도 합니다.

학습 장애 진단과 아이의 공부

학습 장애는 어떻게 진단할까요? 정상적인 발달 과정을 거치며 아이는 인지 능력과 운동 능력을 습득하게 됩니다. 이 발달의 중대한 지연이나 격차는 학습 장애의 징후가 될 수 있습니다. 예를 들어 일상생활에는 큰 문제가 없으나 학습과 연관되는 것들 즉, 글을 읽고 발음하는 데에 문제가 있거나 좌우의 구분을 혼동해 25를 52로 인지하거나 수학적 부호 이해에 어려움을 겪습니다.

그 외에도 숫자나 사실을 기억하는 데 어려움을 느끼고 새로운 기술을 배우는 게 또래보다 느릴 수 있습니다. 시간의 개념 이해에 어려움을 느끼며, 눈과 손의 협응이 부족해 거리나 속도를 인지하는 데 서툽니다. 또한 소유물을 쉽게 잃어버릴 수도 있습니다.

학습 장애를 식별하는 과정은 꽤 복잡합니다. 미국의 경우 ADHD를 소아과 의사가 진단하지만 학습 장애의 경우는 공립 학교의 특수교육팀(학교 내의 심리학자, 특수교육 교사)이 진단하고, 유아부터 고등학교까지 각 학교마다 특수교육 교사가 개별화 교육 프로그램을 통해 치료하고 있습니다. 하지만 한국에서는 소아정신과 의사를 통해 진단받고, 특수교육 치료와 약물치료를 병행하고 있기에 보편적인 진단과 교육이 어려울 수 있습니다.

이렇게 해보세요

만약 아이가 일상생활에는 문제없지만 학습 장애를 겪는 것 같을 때 집에서 도와 줄 수 있는 중요한 5가지 팁을 제안합니다.

01. 상황을 균형 있게 보고 인내심을 가지세요.

우선 말씀드리고 싶은 것은 학습 장애는 극복해서 없어지는 것이 아닙니다. 아이가 낙담하거나 압도당하지 않고 자신의 상태에 대처하는 법을 가르쳐주세요. 아이의 감정을 조절하고 학교생활에서 중요한 것을 인식할 수 있게 꾸준히 노력해 주세요.

때로는 학습 장애를 가진 아이들이 열심히 하는 데도 충분히 노력하지 않는다고 비난받을 수 있습니다. 그렇기 때문에 부모가 더 인내심을 갖고 기다려야 합니다.

02. 간단한 목표를 정하고 이루도록 도와주세요.

아이가 쉽게 이해하고 이룰 수 있는 간단한 목표를 정해서 꾸준히 하는 것도 큰 도움이 됩니다. 학습 장애를 가진 아이들은 쉽게 싫증을 내고 무기력함을 느껴서 학습에 더 흥미를 잃게 됩니다. 아이가 선호하는 방식으로 학습을 시작하고 끝낼 수 있게 하되 중간에 조금 어려운 문제를 넣어주세요. 아이가 쉬운 과제로 힘을 내서 학습을 시작하고, 긍정적인 분위기로 마무리를 하는 데 도움이 됩니다.

03. 아이의 학습 스타일을 알아보세요.

아이들은 학습을 할 때 효과적으로 습득하는 각자의 스타일이 있습니다. 어떤 아이는 시각을 통해 더 잘 배우는 시각형이고, 어떤 아이는 청각형입니다. 또 어떤 아이는 운동감각이나 촉각적인 수단을 통해 더 잘 학습합니다.

시각형 아이는 플래시 카드나 사진, 그림을 활용하고, 청각형 아이는 소리 내어 말로 복습하거나 노래를 만들어 보는 것도 좋습니다. 촉각형 아이에게는 손으로 글씨를 만지게 한다거나 반복해서 쓰는 등 손으로 하는 활동을 더해주면 학습 효과를 높이는 데 도움이 됩니다. 이처럼 아이의 스타일에 맞춰 학습에 도움이 되는 방법을 사용해 주세요.

04. 결과보다는 노력을 칭찬하세요.

정답과 오답에 집중하기보다는 아이가 최선을 다하고 있는지를 인식하는 것이 아주 중요합니다. '이 수학 문제를 풀려고 노력하는 모습이 정말 멋지구나'처럼 아이의 노력을 칭찬해 주세요. 결과보다 아이의 흥미를 높이기 위해서 노력에 중점을 두는 칭찬이 아이의 자신감을 높일뿐더러 공부에 대한 흥미도 잃지 않도록 도울 것입니다.

05. 아이가 학교에 흥미를 가질 수 있는 것을 찾으세요.

학습 장애를 가진 아이들은 공부에 대한 좌절감 때문에 학교를 다니는 것 자체를 싫어할 수 있습니다. 그렇기 때문에 학교에서 학습 외에 관심 둘 것을 만들어주는 것도 중요합니다. 친구와 함께 노는 쉬는 시간에 의미를 부여할 수도 있고, 방과 후 활동도 아이에게 좋은 흥미를 줄 수 있습니다. 아이가 학교에서 즐길 거리를 찾을 수 있도록 도와주세요.

· 감사의 말 ·

아이들을 키우는 과정이 없었다면 아마도 저는 지금 이 자리에 없었을 것입니다. 제가 힘들 때나 기쁠 때나 변함없이 응원해준 가족에게 가장 먼저 감사의 인사를 전합니다. 교육을 실생활에 적용하도록 저를 성장시켜준 우리 아이들에게 고마운 마음이 늘 있습니다. 아이들은 어설프게 알고 훈육을 했던 못난 엄마에게도 잘못된 것을 바로잡기보다 사랑으로 먼저 품는 것이라는 깨닫게 해줬습니다. 이해 안 되는 아이의 행동을 알기 위해 늦게 시작한 특수교육과 교육 심리 대학원 공부를 이해해 주고 도와준 남편에게도 고마운 마음을 전합니다.

여러 가지 트라우마를 겪은 많은 아이들을 만나고 가르쳤던 프로젝트 이글, USD 501 교육국의 여러 센터에서 만난 수많은 아이들은 지식을 살아있는 교육 현장에서 적용하며 연구하게 하는 영감과 동기를 만들어 주었습니다. 아울러 부족하지만 저를 믿고 함께 하며 늘 배려해 주시는 미국 캔자스대학교 교육심리학과의 마이클 오로스코Dr. Michael Orosco 교수님께도 감사의 인사를 보냅니다.